INTRODUÇÃO à Bíblia

Dados Internacionais de Catalogação na Publicação (CIP)
(Câmara Brasileira do Livro, SP, Brasil)

Fonsatti, José Carlos
Introdução à Bíblia / José Carlos Fonsatti. – Petrópolis, RJ : Vozes, 2020. – (Coleção Introdução à Bíblia)

Bibliografia.

1ª reimpressão, 2024.

ISBN 978-65-5713-091-9

1. Bíblia – Estudo e ensino 2. Bíblia – História de fatos bíblicos 3. Bíblia – Interpretação 4. Bíblia – Introduções I. Título. II. Série.

20-35579 CDD-220.61

Índices para catálogo sistemático:
1. Bíblia : Introdução 220.61

Cibele Maria Dias – Bibliotecária – CRB-8/9427

Pe. José Carlos Fonsatti, CM

INTRODUÇÃO à Bíblia

Petrópolis

© 2020, Editora Vozes Ltda.
Rua Frei Luís, 100
25689-900 Petrópolis, RJ
www.vozes.com.br
Brasil

Diagramação: Victor Mauricio Bello
Revisão gráfica: Alessandra Karl
Capa: Ana Maria Oleniki

ISBN 978-65-5713-091-9

Este livro foi composto e impresso pela Editora Vozes Ltda.

SUMÁRIO

APRESENTAÇÃO

Este texto retoma e aprofunda o conteúdo do livro *Introdução à Bíblia*, da Coleção "Cadernos Temáticos para a Evangelização", número quatro, editado em 2000 nesta mesma editora.

O objetivo é apresentar aos que iniciam seus estudos da Palavra de Deus uma série de informações importantes e indispensáveis para a compreensão do sentido do texto sagrado.

Há dois tipos de introdução à Bíblia. Uma introdução geral, que aborda temas comuns a todos os livros bíblicos, e uma outra específica, que se atém a cada um dos livros ou grupo de livros e procura estudar sua formação, teologia, estrutura, autor, destinatário, e outros aspectos.

Como o próprio título indica, este livro busca apresentar uma Introdução Geral à Bíblia. Seu conteúdo está formulado em seis capítulos.

No primeiro, sobre o título de "Noções gerais", é abordado, quase como uma introdução, os nomes ou títulos dados à Bíblia, sua divisão, o modo como fazemos as citações bíblicas.

O segundo capítulo, sobre "A composição da Bíblia", apresenta de modo muito simples e resumido a época e as circunstâncias nas quais nasceram os livros que compõem a Bíblia.

O texto da Bíblia ocupa o terceiro capítulo e discorre sobre as línguas bíblicas, o formato dos livros, as cópias e as versões.

O quarto capítulo, sobre a "Inspiração", procura estudar a origem divina da Sagrada Escritura.

O quinto capítulo é dedicado ao cânon bíblico, ou seja, à lista de livros considerados inspirados. Como a Igreja sabe que esses livros são inspirados e outros não?

E finalizamos, no sexto capítulo, com algumas noções de hermenêutica ou de interpretação do texto da Bíblia.

O conteúdo deste livro é o resultado de muitas aulas de Introdução à Sagrada Escritura, seja para os alunos de cursos de Teologia, seja para leigos nos cursos paroquiais.

Os temas aqui tratados foram abordados de modo muito simples, com o objetivo de facilitar a compreensão daqueles que desejam conhecer a Palavra de Deus.

É um texto para iniciantes (catequistas, líderes de comunidades) e não para especialistas. Por essa razão precisa sempre ser aprofundado com outros estudos mais completos.

Para limitar o âmbito desta introdução foram deixados de lado disciplinas secundárias, mas não menos importantes, como a Geografia bíblica, a Arqueologia e as Línguas bíblicas.

Pe. José Carlos Fonsatti, CM.

I

NOÇÕES GERAIS

1 NOMES

Todos os livros possuem títulos ou nomes, pelos quais são conhecidos. Por exemplo: *Os sertões*, *O Senhor dos Anéis*, *As crônicas de Nárnia*, *As ervas que curam*, entre outros. Também os livros sagrados possuem seus títulos ou nomes com os quais são identificados. Assim, o livro sagrado dos islamitas se chama *Corão* ou *Alcorão*. O livro sagrado da Igreja de Jesus Cristo dos Santos dos Últimos Dias, os mórmons, se chama *Livro de Mórmon*. *Rig Veda* é o livro sagrado dos hindus.

Também o nosso livro sagrado é conhecido como:

- SAGRADA ESCRITURA – assim a própria Bíblia se autodefine. Ou então com expressões similares: SANTAS LETRAS (2Tm 3,15), LIVRO SACRO (2Mc 5,32) ou ainda LIVROS SANTOS (1Mc 12,9).
- BÍBLIA – é o nome mais usado em todas as línguas. Porém, é uma palavra que não aparece nenhuma vez na própria Bíblia. O termo foi usado pela primeira vez por São João Crisóstomo (+ 407) para indicar nosso livro sagrado.

O termo BÍBLIA – é a transliteração de uma palavra grega: *bíblia*. Trata-se do plural de *bíblion*, que significa livrinho. Portanto, a palavra "Bíblia" significa, literalmente, livrinhos. Na realidade a BÍBLIA é um único volume, formado por 73 livrinhos de tamanhos diferentes e escritos por autores diferentes em épocas diferentes.

2

DIVISÃO

Os 73 livros da Bíblia estão divididos em duas partes:

- O Antigo Testamento (AT), com 46 livros escritos antes de Jesus Cristo.
- O Novo Testamento (NT), com 27 livros escritos depois de Jesus Cristo.

A palavra TESTAMENTO não deve ser entendida no sentido que normalmente usamos: o documento com as disposições de uma pessoa que deve ser observada após a sua morte. Isto porque na realidade é uma palavra latina que foi usada para traduzir o termo grego *diatheke* que significa pacto, aliança. Assim, o Antigo Testamento é formado pelos livros que contêm a Antiga Aliança realizada entre Deus e o homem por intermédio de Noé, de Abraão e, sobretudo, de Moisés.

Já o Novo Testamento contém os livros que se referem à Nova Aliança feita por intermédio de Jesus Cristo.

Quando falamos em Antigo ou Novo Testamento estamos nos referindo aos livros. Quando falamos em Antiga ou Nova Aliança, nos referimos ao conteúdo dos respectivos livros.

3

O ANTIGO TESTAMENTO

O Antigo Testamento só existe nas Bíblias Católica e Protestante. Em se tratando da Bíblia hebraica, não podemos falar de Antigo Testamento, pois nela não existe o Novo Testamento. Só há o Antigo quando existe um Novo Testamento. O judaísmo não considera inspirados os livros que compõem o nosso Novo Testamento. Por isso, eles não fazem parte da Bíblia hebraica.

A Bíblia hebraica é formada por apenas 39 livros que estão divididos em três partes:

- Primeira parte: Lei (Torá) – Gênesis, Êxodo, Levítico, Números e Deuteronômio.
- Segunda parte: Profetas (Nebiim), divide-se em:
  - Profetas Anteriores: Josué, Juízes, 1 e 2Samuel, 1 e 2Reis.
  - Profetas Posteriores: Isaías, Jeremias, Ezequiel e os 12 Profetas Menores: Oseias, Joel, Amós, Abdias, Jonas, Miqueias, Naum, Habacuc, Sofonias, Ageu, Zacarias e Malaquias.
- Terceira parte: Escritos (Ketubim) – Salmos, Jó, Provérbios, Rute, Cântico dos Cânticos, Eclesiastes, Lamentações, Ester, Daniel, Esdras, Neemias e 1 e 2Crônicas.

Reunindo a primeira letra de cada uma dessas partes, os judeus formaram a palavra *TaNaK*, com a qual designam a Bíblia hebraica.

A Bíblia católica contém 46 livros do AT: os 39 da Bíblia hebraica e mais 7 livros.

São divididos assim:

- Pentateuco: Gênesis, Êxodo, Levítico, Números e Deuteronômio.
- Livros Históricos: Josué, Juízes, Rute, 1 e 2Samuel, 1 e 2Reis, 1 e 2Crônicas, Esdras, Neemias, Tobias, Judite, Ester, 1 e 2Macabeus.
- Livros Sapienciais: Jó, Salmos, Provérbios, Eclesiastes, Cântico dos Cânticos, Sabedoria e Eclesiástico.

- Livros Proféticos: Isaías, Jeremias, Lamentações, Baruc, Ezequiel, Daniel, Oseias, Joel, Amós, Abdias, Jonas, Miqueias, Naum, Habacuc, Sofonias, Ageu, Zacarias e Malaquias.

A Bíblia protestante – Ao separar-se da Igreja Católica, Martinho Lutero traduziu para o alemão somente os 39 livros da Bíblia hebraica. Assim, na Bíblia protestante, o AT contém apenas 39 livros, porém, estão na ordem dos livros da Bíblia católica e não da Bíblia hebraica.

Observações:

- Na Bíblia hebraica, os livros de Josué, Juízes, Samuel e Reis são chamados livros dos *Profetas Anteriores* por serem considerados obras de profetas. Josué teria escrito o livro que leva seu nome; Samuel teria escrito os Livros de Juízes e os dois de Samuel; e Jeremias teria escrito os dois Livros de Reis.
- Nas Bíblias católica e protestante, os Livros Históricos estão colocados em ordem cronológica dos fatos que narram. A denominação "histórico" deve ser tomada em sentido muito amplo, pois alguns livros, como Judite e Tobias, são obras de ficção, novelas.
- As "Lamentações", embora seja um livro poético, é colocado entre os profetas, logo depois de Jeremias, porque foi atribuído a este profeta.

4

O NOVO TESTAMENTO

Tanto a Bíblia católica como a protestante contêm 27 livros no Novo Testamento e na mesma ordem:

- Livros Históricos: Os evangelhos de Mateus, Marcos, Lucas e João e os Atos dos Apóstolos.
- Livros Didáticos: Romanos, 1 e 2Coríntios, Gálatas, Efésios, Filipenses. Colossenses, 1 e 2Tessalonicenses, 1 e 2Timóteo, Tito, Filêmon, Hebreus, Tiago, 1 e 2Pedro, 1, 2 e 3João e Judas.
- Livro Profético: Apocalipse.

5 COMO CITAR UM TEXTO BÍBLICO

Nos textos originais, tanto do Antigo como do Novo Testamento, não havia divisão em capítulos e versículos. A divisão atual em capítulos e versículos é obra posterior.

Em 1214 o cardeal Estêvão Langton, professor em Paris e depois arcebispo de Cantuária, dividiu o texto bíblico em capítulos. O dominicano Sante Pagnini, em 1528, dividiu os capítulos do Antigo Testamento em versículos. O Novo Testamento foi dividido em versículos em 1551 por Roberto Estêvão. Essa divisão em capítulos e versículos nem sempre acompanha o sentido exato do texto. Mas foi aceita e é usada por todas as edições da Bíblia.

Citamos os textos da Bíblia dos seguintes modos:

- Em primeiro lugar, indicamos o livro, usando sua abreviação. Em seguida, com o primeiro número indicamos o capítulo e, com o segundo, separado do primeiro por uma vírgula, o versículo.

  Ex.: Gn 2,4 – Livro de Gênesis, capítulo 2, versículo 4.

- Com um hífen, unimos capítulos ou versículos.

  Ex.: Ex 10,1-10 = Êxodo, capítulo 10, versículos de 1 até 10.
  - Obs.: Pode-se usar um travessão para unir a sequência de capítulos. Ex.: Mt 5,3–7,2 = Mateus capítulo 5, versículo 3 até o capítulo 7, versículo 2; Mt 5–7 = Mateus capítulo 5 até 7.

- Com o ponto e vírgula separamos duas citações diferentes.

  Ex.: Lc 10; 14; Mc 2,1-4 = Lucas capítulo 10, versículo 14; Marcos capítulo 2, versículos 1 ao 4.

- Com um ponto separamos os versículos dentro do mesmo capítulo.

  Ex.: Lc 4,2.8.18 = Lucas capítulo 4, versículos 2 e 18.

- Com um "s", acrescentado depois do capítulo ou versículo, entende-se o(s) capítulo(s) ou o(s) versículo(s) seguinte(s).

  Ex.: 1Cor 8s. = Primeira Coríntios, capítulos 8 e 9.

- Quando o versículo é muito longo e se deseja citar apenas uma parte, acrescenta-se uma letra ao número que indica o versículo: "a", quando é o início do versículo; "b", o meio e "c", o final.

  Ex.: Gn 2,4a.

II

A COMPOSIÇÃO DA BÍBLIA

Ainda é comum ouvir a pergunta: "Quem escreveu a Bíblia?" A pergunta deixa transparecer a ideia de que a Bíblia teria sido escrita como qualquer outro livro, um capítulo após o outro.

Em primeiro lugar devemos lembrar que a Bíblia não é um livro único. É sim um volume que contém 73 livros. Esses foram escritos por pessoas diferentes, em épocas e lugares diferentes. E mais, em alguns livros encontramos textos que possuem uma longa história.

O Antigo Testamento foi se formando ao longo de oito séculos; e o Novo Testamento durante um século. Para nos ajudar a entender esse processo, usando uma imagem, podemos comparar a Bíblia a uma catedral gótica que foi sendo construída durante séculos. Nesse período novos estilos foram surgindo e foram sendo incorporados na construção.

1

A TRADIÇÃO ORAL

Antes de ser escrita, a Bíblia foi vivida e narrada. Primeiro aconteceram os fatos e só muito tempo depois eles foram escritos. Entre o acontecimento e sua redação, o fato foi contado nas famílias, clãs e tribos.

Tudo começou no século XVIII a.C. com a saga de Abraão, que obedecendo a uma ordem divina, separou-se de seu clã e rumou para a terra de Canaã. Deus fez com ele uma aliança: Abraão teria como seu Deus aquele que o chamou e, Deus, por sua parte, se comprometeu a dar a Abraão uma grande descendência e uma terra onde ele e seus filhos poderiam habitar.

Os acontecimentos relativos à sua vida e à de seus descendentes, seu filho Isaac e seu neto Jacó com seus doze filhos, estão narrados no Livro de Gênesis 12–50. É preciso lembrar que nem todos os fatos da vida de Abraão foram transmitidos. A Bíblia não é um livro de história ou crônicas, mas contém a História da Salvação. Isto é, foram redigidos os fatos que mostram a ação de Deus na vida das pessoas, nesse caso, dos patriarcas Abraão, Isaac e Jacó. Os principais fatos da vida dos patriarcas foram transmitidos oralmente em suas famílias e depois nos seus clãs.

A tradição oral é sempre muito livre. Como diz o ditado: "Quem conta um conto, aumenta um ponto". Muitos fatos foram narrados com riqueza de detalhes, outros apenas de modo muito genérico. Os fatos narrados estão unidos a um personagem, ou ao lugar onde aconteceram. Assim a história dos patriarcas foi contada durante séculos entre seus descendentes.

No final do século XVIII ou início do XVII a.C. os descendentes de Abraão, por causa de uma grande fome, foram obrigados a emigrar para o Egito. Instalaram-se nas férteis planícies do delta do rio Nilo. Lá prosperaram e se multiplicaram. De setenta pessoas se tornaram uma grande multidão. Assim Deus realizava a promessa feita a Abraão, de lhe dar uma grande descendência. Embora a Bíblia afirme que todos os filhos de Jacó migraram para o Egito, hoje, a maioria dos biblistas é de opinião que nem todas as tribos descendentes de Abraão saíram de Canaã.

A migração de Jacó e seus filhos coincidiu com a invasão do Egito por um povo indo-europeu, denominado hicsos. No início do século XVI a.C. os egípcios conseguiram expulsar os hicsos. É provável que nesse período algumas tribos descendentes de Jacó foram identificadas com os hicsos e também foram expulsas. As tribos que permaneceram no Egito foram escravizadas e depois libertadas no ano 1250 a.C. por Moisés.

Fugindo do Egito, se reuniram nas regiões do monte Sinai, onde celebraram uma aliança com Deus. Moisés foi um verdadeiro líder, embora não fosse guerreiro. Aqueles que viveram essa extraordinária experiência de libertação conservaram na memória os fatos e os contaram a seus filhos.

Nesse período também surgiu um conjunto de leis. Provavelmente devemos a Moisés a redação do chamado "Decálogo" (as dez palavras) conservado em duas redações: uma delas em Ex 20,2-17 e Dt 5,6-21, e a outra em que apresenta o "Código da Aliança" que desenvolve o Decálogo em Ex 20,22–23,19. Podem pertencer a esse tempo alguns outros pequenos textos como o refrão do "Cântico do Mar Vermelho" (Ex 15,21) e o "Cântico da Arca" (Nm 10,35-36).

Após um ano de permanência no Sinai, as tribos, que agora formavam um povo, partiram em direção de Canaã, a Terra Prometida por Deus a Abraão e a seus descendentes. A travessia do deserto durou quarenta anos. Desses quarenta anos, trinta e oito foram vividos na região do oásis de Cades Barne. Só depois conseguiram tomar a terra que era habitada por muitos outros povos, sobretudo pelos cananeus. A invasão ocorreu na região de Jericó. Moisés, como a grande maioria dos que saíram do Egito, não entrou na Terra Prometida. Moisés morreu no monte Nebo, na região de Moab.

Durante a estadia no deserto, muitas leis foram criadas, muitos fatos do passado foram lembrados e recontados às novas gerações. Toda a história da libertação do Egito, o caminho pelo deserto e as leis estão contidos nos livros do Êxodo, Levítico, Números e Deuteronômio.

Josué, sucessor de Moisés, liderou a conquista da terra. A ocupação do território foi um processo longo. Os cananeus e outros povos ocupavam as regiões mais férteis. Os israelitas foram obrigados a se estabelecer nos espaços livres nas montanhas que não eram tão férteis. Ao entrar no país, Josué renovou com as tribos a Aliança do Sinai, nos montes Ebal e Garizim. A esse respeito é importante o texto de Js 24,1-28. Provavelmente, ali foi criada uma espécie de confederação das tribos israelitas.

Ao estabelecer-se em Canaã, os israelitas tiveram que mudar seu estilo de vida. De nômades tornaram-se sedentários; de pastores transformaram-se em agricultores. Além disso, tiveram que conviver com outros povos com culturas e religiões diferentes.

A conquista da terra com suas batalhas, vitórias e derrotas foi conservada na memória dos que participaram dos fatos contados e recontados ao longo dos séculos.

Do final do século XII até meados do século XI a.C., os israelitas mantiveram sua organização de tribos confederadas. Cada tribo era independente, mas se reuniam nos antigos santuários dos patriarcas (Guilgal, Betel, Siguém, Hebron) para refazer a Aliança e celebrar o Deus comum. Nos momentos de perigo para uma das tribos, se constituía um chefe militar que organizava um exército com homens de algumas outras tribos para combater o inimigo. Esses chefes receberam o nome de Juízes. O Livro de Juízes conta a história de doze deles. Os mais importantes foram Gedeão e Sansão. Alguns textos bíblicos são dessa época: o cântico de Débora (Jz 5); a bênção de Jacó (Gn 49); os "mandamentos de Siquém" (Dt 27,15-26).

Até aproximadamente o ano 1030 a.C., as tribos de Israel permaneceram autônomas, unidas apenas por um passado comum e pela religião. Mas, a ameaça cada vez maior dos filisteus fez com que procurassem uma maior unidade. Nasceu, assim, a monarquia. Saul, da tribo de Benjamim, foi escolhido por Deus e ungido pelo profeta Samuel como primeiro rei de Israel (1030-1010 a.C.). A princípio, Saul foi bem-sucedido contra os filisteus e os amonitas. As guerras ocuparam quase todo o seu tempo. Os textos bíblicos o apresentam como um homem infeliz, ofuscado pelo profeta Samuel e pelo jovem guerreiro Davi. Com sua morte, os filisteus retomaram os territórios e praticamente dividiram o reino israelita em duas partes. Era necessário um novo rei que mantivesse a unidade nacional.

Davi (1010-970 a.C.) foi escolhido rei, primeiro pelas tribos do sul em Hebron, e sete anos depois pelas tribos do norte. Davi foi, na realidade, o fundador da monarquia em Israel. Dominou os filisteus e ampliou as fronteiras de Israel. Conquistou a cidade de Jerusalém e a transformou em capital do reino. No campo religioso, sempre se mostrou fiel à Aliança. Poeta e cantor, provavelmente, compôs alguns salmos e hinos.

2
A REDAÇÃO DOS TEXTOS

Salomão (970-930 a.C.) sucedeu seu pai, Davi, no trono. Era um homem sábio, bom político e administrador. Construiu o Templo de Jerusalém em 960 a.C.

Em seu tempo floresceu a literatura em Israel. Surgiram os arquivos, anais e crônicas do reino.

No seu tempo, um grupo de escribas ligados à corte começou a reunir e escrever as antigas tradições orais sobre os patriarcas, o êxodo, a conquista da terra, o reino de Davi. Essa foi a primeira grande obra narrativa da Bíblia. Foi chamada de Documento JAVISTA, porque os autores sempre chamaram Deus de Javé. Encontramos essa grande narrativa espalhada pelos livros do Gênesis, Êxodo e Números e com grande probabilidade nos livros de Josué, Juízes, Samuel e Reis. Também muitos provérbios e sentenças atribuídos a Salomão foram reunidos e estão espalhados no Livro dos Provérbios (cf. Pr 25-29).

Com a morte de Salomão, as tribos se dividiram em dois reinos independentes política e religiosamente. O reino do Sul ou de Judá, com apenas duas tribos, com capital em Jerusalém, e o reino do Norte ou de Israel, com dez tribos cuja capital era a cidade de Samaria.

O reino de Israel durou de 931 a 721 a.C. Seus reis não eram descendentes de Davi. Durante os 210 anos de existência, Israel foi governado por dezenove reis, pertencentes a nove diferentes dinastias. Ali viveram e pregaram os profetas Elias e Elizeu e mais tarde Amós e Oseias. Sob a influência desses dois últimos profetas, surgiu no reino de Israel, nos meados do século VIII a.C., o Documento Eloísta. Como os escribas de Salomão, também esses autores procuraram resgatar todas as tradições anteriores sobre os patriarcas, a libertação do Egito e a conquista da terra. O texto que eles redigiram recebeu o nome de Documento Eloísta, porque deram a Deus o nome de Eloim. Como o Documento Javista, o Eloísta está presente nos livros de Gênesis, Êxodo e Números. Em 721, o reino de Israel foi destruído por Sargon II, rei da Assíria. Toda a população foi levada para o exílio. Alguns sacerdotes e escribas conseguiram fugir e levaram o Documento Eloísta para o reino de Judá.

O reino de Judá existiu de 931 a 586 a.C. Todos os seus reis foram descendentes de Davi. Durante todos esses anos continuou o processo de redação da história e a readaptação de leis e costumes. No reinado de Ezequias (721 a 698 a.C.) foi feita a fusão dos Documentos Javista e Eloísta. Nesse processo, provavelmente algumas narrativas eloístas foram suprimidas, sobretudo do início. Nasceu, assim, um único texto com narrativas dos dois documentos. Esse texto foi chamado de Jeovista. Ainda sob Ezequias, foram compilados os provérbios de Salomão (Pr 10,1-22,16; 25,1-29,27); e foi feita a redação do Livro dos Juízes.

Em 622 a.C., o rei Josias (640-609 a.C.) promoveu uma grande reforma religiosa no país (cf. 2Rs 22-23). Durante a reforma do Templo de Jerusalém foi encontrado o "Livro da Lei" que constitui o núcleo central do Livro do Deuteronômio. Provavelmente esse livro foi redigido no reino de Israel e trazido depois para Judá. Ainda sob Josias foi redigida a "Lei de Santidade" (Lv 17-26). No reino de Judá, pregaram os profetas Isaías (734-698 a.C.), Miqueias, Sofonias (630 a.C.), Naum (612 a.C.), Habacuc (600 a.C.) e Jeremias (627-585 a. C.). Suas pregações deram origem aos livros bíblicos que levam seus nomes.

Em 586 a.C., Nabucodonosor, rei da Babilônia, conquistou Jerusalém. A população foi levada para o exílio, o Templo e a cidade foram destruídos. É dessa época o Livro das Lamentações. O exílio na Babilônia durou até 538 a.C. Durante esse tempo, os sábios judeus releram a história do povo à luz da catástrofe. Os exilados foram confortados pelo profeta Ezequiel e por um profeta anônimo, chamado depois de Dêutero-Isaías.

Nesse período, surgiram as sinagogas como lugares de oração e de estudo. Os textos escritos se tornaram cada vez mais importantes. Na ausência do Templo, da Arca da Aliança, da cidade de Jerusalém, o texto com as leis divinas tornou-se o centro da vida religiosa dos judeus. Os sacerdotes reuniram, mais uma vez, as antigas tradições patriarcais, do êxodo e da conquista da terra, e redigiram o Documento Sacerdotal, dividindo toda a história em quatro etapas: a Criação, a aliança com Noé, a aliança com Abraão e a aliança com Moisés. A história sacerdotal, assim como a Javista e a Eloísta, encontra-se em todos os livros do Pentateuco. Ainda, durante o exílio, foi realizada a última redação da chamada História Deuteronomista que compreende os livros de Josué, Juízes, Samuel e Reis. Foram terminados, também, os livros de muitos profetas.

Em 539 a.C., Ciro, rei da Pérsia, conquistou a Babilônia. Em 538 a.C., permitiu aos exilados judeus voltarem para sua terra e reconstruir Jerusalém e o Templo. Aqueles que voltaram, depois de muitas dificuldades, mas incentivados pelos profetas Ageu e Zacarias, reconstruíram Jerusalém e, em 515 a.C., reconsagraram o Templo.

Em 445 a.C., Neemias, emissário do rei Artaxerxes I, chegou a Jerusalém como governador e reconstruiu os muros da cidade. Logo depois veio Esdras, que era escriba e sacerdote. Esdras era um homem da Lei, e é considerado o pai do judaísmo. Deve-se a ele a redação final do Pentateuco com a fusão, em um único texto, dos documentos Javista, Eloísta e Sacerdotal. Assim, provavelmente, pelo ano 440 a.C., o Pentateuco (Gn – Ex – Lv – Nm – Dt) recebeu sua forma atual. Sob a influência de Esdras, cresceu o prestígio dos sábios e escribas. Nesse contexto, nasceram os livros dos Provérbios e o Cântico dos Cânticos. Foi, também, redigido o Livro dos Salmos que, ao que parece, serviu como livro de orações e cânticos no "segundo Templo".

O domínio persa durou dois séculos (539-332 a.C.). Surgiu, então, Alexandre Magno da Macedônia que conquistou toda a Ásia. Com as suas conquistas, a cultura grega se espalhou por toda parte. O grego tornou-se a língua mais falada. Alexandre morreu com apenas 33 anos de idade e seu vasto império foi dividido entre seus generais.

Durante todo o século III a.C., Israel ficou sob o domínio dos Ptolomeus do Egito. Nessa época, foi composta a História Cronista que abrange os dois livros de Crônicas, Esdras e Neemias. Do século III a.C. são ainda os livros de Jó, Eclesiastes, Rute e Jonas. Nesse período pregaram os profetas Joel e o chamado Segundo Zacarias (Zc 9–14). Foi, também, no século III a.C., que em Alexandria do Egito iniciou-se a tradução grega da Bíblia, chamada de Setenta ou Septuaginta.

Em 198 a.C. os selêucidas da Síria conquistaram o território de Israel. A princípio, a situação política não mudou muito. Mas com o reinado de Antíoco IV Epífanes começaram os problemas. Com o objetivo de unificar seu reino, Antíoco adotou a cultura grega. Diante da oposição dos judeus, ele proibiu a circuncisão, o culto no Templo e mandou queimar as cópias da Lei (Pentateuco). Nesse período de perseguição foram escritos os livros de Tobias, Ester, Judite e Eclesiástico.

Alguns judeus, liderados pelos Macabeus, iniciaram a luta contra o domínio sírio. Os dois livros de Macabeus narram a história da revolta e a conquista da independência.

Pelo ano 165 a.C., foi escrito o Livro de Daniel e entre 150 e 100 a.C. os dois livros dos Macabeus. O Livro da Sabedoria é o último livro do Antigo Testamento, escrito por volta do ano 50 a.C. O período de independência foi muito curto e marcado por brigas internas entre os descendentes dos Macabeus. No ano 63 a.C., Israel passou para o domínio romano.

Em 40 a.C., Herodes Magno, um idumeu, foi nomeado, pelo senado romano, rei de Israel. Herodes assumiu o governo no ano 37 e reinou até o ano 4 a.C. Durante seu reinado, nasceu Jesus em Belém da Judeia. Com a morte de Herodes, o imperador romano dividiu seu reino entre seus filhos, que receberam o título de tetrarcas.

Quando Jesus começou sua atividade pública, no ano 27 d.C., a Judeia era governada por um procurador romano, Pôncio Pilatos. Seu ministério público durou aproximadamente três anos. Jesus morreu no ano 30 da nossa era. Nesse mesmo ano, com a força do Espírito Santo, os apóstolos começaram a pregação da Boa-nova da Salvação. A princípio, era uma pregação oral. Com o passar do tempo, os apóstolos foram morrendo ou tiveram que fugir por causa da perseguição movida pelos judeus. Os cristãos foram, então, obrigados a escrever a pregação dos apóstolos.

Os primeiros livros que compõem o Novo Testamento são as duas cartas de Paulo aos Tessalonicenses, escritas em Corinto pelo ano 50 ou 51 d.C. As Cartas aos Coríntios, aos Gálatas e provavelmente Filipenses e o bilhete a Filêmon foram escritas em Éfeso entre os anos 56 e 57 d.C. A carta aos Romanos foi composta em 58 d.C. na cidade de Corinto. Do ano 60 d.C., aproximadamente, é a carta de Tiago.

A Tradição da Igreja situou entre 61 e 63 d.C., durante a prisão de Paulo em Roma, as cartas aos Colossenses e aos Efésios. Hoje, a paternidade paulina dessas cartas é bastante contestada. Dessa época é, também, a primeira carta de Pedro que morreu martirizado em Roma no ano 64 d.C.

A primeira carta a Timóteo e a carta a Tito são provavelmente do ano 66 d.C. No ano 67 d.C. foi escrito o primeiro dos quatro evangelhos, o de Marcos, em Roma. Como podemos notar, o primeiro Evangelho, o de Marcos, foi escrito depois de todas as Cartas Paulinas. Pouco antes de sua morte, em Roma, no ano 67 d.C., Paulo escreveu sua última carta: a Segunda Carta a Timóteo.

Os evangelhos de Mateus e de Lucas e os Atos dos Apóstolos foram escritos entre os anos 80 e 90 d.C. Por volta do ano 100 d.C. foram compostos o Evangelho de João, o Apocalipse, as três cartas de João e a Carta de Judas. A Segunda Carta de Pedro é de um autor desconhecido e é datada por volta do ano 110 d.C. Portanto, os livros do Novo Testamento foram escritos entre os anos 50 e 110 da nossa era.

A formação da Bíblia, Antigo e Novo Testamento, foi apresentada aqui de um modo muito simples. É lógico que o processo foi muito mais complicado e de difícil datação. Muitas vezes basta um só capítulo para nos obrigar a percorrer séculos até sua redação atual. Também, muitas datas aqui apresentadas são aproximativas. Há, ainda, discordância entre os biblistas sobre muitas delas. Nosso único objetivo foi o de apresentar de modo simples a formação de toda a Bíblia. É importante ressaltar que todos aqueles que redigiram os livros da Bíblia foram inspirados por Deus. Mais adiante discorreremos sobre a inspiração bíblica.

III

O TEXTO DA BÍBLIA

* Neste capítulo consideramos a Bíblia do ponto de vista humano.

1 OS IDIOMAS BÍBLICOS

Em qual língua a Bíblia foi escrita?

1.1 O Antigo Testamento

- Em hebraico: foram escritos todos os Livros Protocanônicos, isto é, aqueles livros que sempre foram aceitos como inspirados tanto pelos judeus como pelos cristãos.
- Em aramaico foram escritos apenas alguns textos: Jr 10,11; Dn 2,4–7,28; Esd 4,8–6,18; 7,12-26 e duas palavras em Gn 31,47.
- Em grego foram compostos dois livros: Sabedoria, 2Macabeus e algumas partes de Daniel (3,24-90; 13-14) e de Ester (10,4–16,24, segundo a Vulgata).

Porém, alguns livros foram conservados em grego: Baruc, Tobias, Judite, Eclesiástico e 1Macabeus. Os livros do Eclesiástico, Baruc e 1Macabeus foram escritos em hebraico. Já foram encontrados dois terços do Eclesiástico em hebraico. Tobias e Judite foram escritos ou em hebraico ou em aramaico como afirmou São Jerônimo.

Esses livros escritos ou conservados em grego são conhecidos como Deuterocanônicos isto é, foram considerados canônicos (inspirados) por uns e rejeitados por outros, ou foram aceitos depois de muitos debates.

O hebraico é uma das muitas línguas semitas faladas na Antiguidade na maior parte do Oriente Próximo e do Oriente Médio. Mas cabe observar que o hebraico bíblico não é uniforme, mas apresenta muitas diferenças. É o resultado do longo período de formação do Antigo Testamento entre o século IX até os meados do século II a.C. Além disso, havia os vários dialetos. O alfabeto hebraico é formado por vinte e duas (22) letras, todas consoantes. Algumas desempenham o papel de vogais, embora não existam vogais nesse alfabeto.

Depois da destruição de Jerusalém pelos romanos, no ano 70 d. C., um grupo de rabinos, denominados "massoretas" inventaram uma série de sinais (pontos e traços) que fazem às vezes, ainda hoje, as vogais. O objetivo dos "massoretas" era facilitar a leitura do texto sagrado. Eles criaram também a "massora" ou notas críticas sinalizando o texto. Essas observações foram escritas nas margens do texto (massora parva ou pequena) e no final da página (massora magna ou grande). No final de cada livro colocaram a "massora final" indicando quantas letras existem no texto, quantas vezes é citado o nome de Deus, qual a frase e a palavra central. Graças a esse trabalho minucioso dos massoretas, o texto bíblico permaneceu íntegro com pequenas variantes acidentais.

A partir do exílio (séc. VI a.C.) o hebraico foi sendo substituído pelo aramaico. Mas a "aramaização" não foi total. O hebraico continuou sendo usado em algumas regiões. Continuou sendo a língua usada na liturgia e na composição dos livros sagrados e nos textos rabínicos (Mixná, Talmud).

O aramaico é muito semelhante ao hebraico. Desde o segundo milênio antes de Cristo, era a língua usada em vários estados arameus da Síria e da Mesopotâmia. O aramaico serviu de língua franca entre 1100 a 330 a.C. quando foi suplantado pelo grego durante as conquistas de Alexandre Magno. Ainda hoje existem dialetos aramaicos no Curdistão. A partir do exílio (586/587 a.C.), o hebraico foi sendo gradativamente substituído pelo aramaico como língua falada. O aramaico desapareceu completamente com as deportações ocorridas depois da revolta de Simão Bar Kochbá (132-135 d.C.). O aramaico palestinense foi a língua de Jesus.

O grego é a mais conhecida de todas as línguas bíblicas. A era do grego clássico terminou pelo ano 330 a.C. Desde os tempos de Alexandre Magno, o grego tornou-se a língua falada e escrita em todas as regiões orientais do Mediterrâneo. É a chamada "Koiné" ou grego comum. Esse grego durou até aproximadamente o ano 500 d.C. Depois surgiram o grego bizantino e o grego moderno.

O grego bíblico conservou muitas palavras hebraicas e aramaicas, e não pode ser comparado ao grego dos grandes clássicos da Grécia. Foi, também, a língua usada na tradução da Bíblia grega, chamada "Setenta", no século III a.C. Do ponto de vista literário, o Livro da Sabedoria apresenta um grego bastante clássico. No Novo Testamento, o texto mais clássico é o Evangelho de Lucas e Hebreus. O mais popular e incorreto é o Apocalipse.

Até o século IX d.C. o alfabeto grego consistia exclusivamente de letras maiúsculas, chamada "escrita uncial". Essa era derivada da "escrita capital" usada nos monumentos e nas moedas, mas com uma forma mais arredondada e menos linear. A partir do século IX passou-se a escrever com letra minúscula. Contrariamente às línguas semitas, em grego, usava-se a escrita contínua, ou seja, as palavras eram escritas sem intervalo entre elas. Faltavam os acentos e sinais de pontuação.

1.2 O Novo Testamento

Todos os 27 livros do Novo Testamento foram escritos em grego da "Koiné".

A hipótese de que o Evangelho de Mateus foi escrito em aramaico e depois traduzido para o grego, já não é mais aceita pelos biblistas.

2 MATERIAL DE ESCRITA

O material usado para a composição dos livros da Bíblia foi o papiro e o pergaminho.

2.1 O papiro

O papiro era preparado com os talos de uma planta aquática de mesmo nome – chamada *cyperus papyrus* – a partir da qual recebeu o nome, muito comum no Egito. Os caules eram cortados em tiras finas e sobrepostos em forma de cruz, colados, prensados e secados. Como é um produto vegetal, a folha de papiro se deteriorava facilmente com o passar do tempo, sobretudo nas regiões mais úmidas. Para sua melhor conservação costumava-se guardar os rolos de papiro em vasos de cerâmica.

O papiro mais antigo que se conservou remonta à V Dinastia egípcia (aproximadamente 2470 a.C.).

2.2 O pergaminho

O pergaminho é preparado com o couro de ovelhas e cabras. Recebeu o nome de "pergaminho" porque foi inventado na cidade de Pérgamo na Ásia Menor, por volta do ano 100 a.C.

O pergaminho era muito mais resistente que o papiro, mas também muito mais caro. Assim, por questão de economia, alguns pergaminhos já escritos eram raspados e reutilizados. Esses pergaminhos são chamados PALIMPSESTOS (= raspados outra vez).

No campo bíblico o mais célebre é o Códice reescrito de Efrém. Trata-se de um códice bíblico do século V, cujo texto foi raspado no século XII e substituído pelas obras de Efrém.

A partir do século III surgiu o costume de tingir o pergaminho de cor púrpura, e escrever sobre ele com ouro ou prata os textos mais importantes. Essa técnica foi usada também para os textos bíblicos. Ex.: O Códice de púrpura de São Petersburgo. São Jerônimo criticou esse uso, vendo nele um desperdício.

Sobre os papiros se escrevia com um pequeno pincel feito com a própria planta, pois um instrumento pontiagudo poderia rasgar a folha. E sobre os pergaminhos se escrevia com o cálamo, que era feito de caules de juncos apontados e com um pequeno corte no meio da ponta.

3

O FORMATO

Os textos escritos tanto em papiro como em pergaminho foram conservados em forma de ROLO e de CÓDICE.

3.1 Rolo

As folhas de papiro ou de pergaminho eram unidas umas às outras formando longas faixas que, para guardar, eram enroladas. Na forma de rolo o texto podia ser escrito apenas em um dos lados, o interno, pois o leitor deveria desenrolá-lo para fazer a leitura, e enrolá-lo para ser guardado.

No momento de se confeccionar ou adquirir um rolo, levava-se em conta a extensão do livro a ser copiado. Normalmente o rolo continha o texto de um único livro. Se a extensão do livro superava o do rolo, utilizava-se um segundo rolo ou vários outros até a obra ficar completa. O rolo podia ter o tamanho suficiente para conter um livro tão extenso como o do profeta Isaías. Já o Pentateuco era demasiado longo para ser copiado em um único rolo; usou-se, então, cinco rolos, um para cada livro. Daí o nome de PENTATEUCO, isto é, "cinco" (penta) e "teuchos" (rolo).

Os livros de Samuel, Reis e Crônicas ocupavam, cada um, um rolo completo. Ao serem traduzidos para o grego, o texto desses livros aumentou por causa das vogais, que não existiam no texto hebraico. Esse aumento do texto ocasionou a divisão desses livros em duas partes. Por isso, hoje possuímos o Primeiro e o Segundo Livro de Samuel; o mesmo aconteceu com o Livros dos Reis e o Livro das Crônicas (1-2Sm, 1-2Rs, 1-2Cr).

O texto era escrito em colunas. Cada página podia conter várias colunas. O fato de escrever em rolos de papiro ou pergaminho não permitia ao autor acrescentar nenhum texto no interior do livro. Os acréscimos só podiam ser feitos no final do rolo. É o que provavelmente aconteceu no final do Livro de Juízes (17-18 e 19-21) e do Segundo Livro de Samuel (22-24).

Para se indicar a ordem dos rolos, utilizava-se o expediente de escrever no final de um rolo as frases iniciais do rolo seguinte. Assim, encontramos no final do Segundo Livro das Crônicas (36,22-23) as mesmas frases do início do Livro de Esdras (1,1-3).

As edições modernas da Bíblia em um único volume permitem uma visão da unidade do cânon. Isso era impossível quando cada livro era escrito em um rolo diferente.

3.2 Códice

Ao contrário do rolo, o códice tinha todas as folhas unidas no mesmo lugar, como nossos livros atuais. O rolo apresentava vários inconvenientes: podia ser escrito apenas em um dos lados e a verificação de citações era muito difícil. Por isso, a partir do final do século I d.C., o rolo foi progressivamente caindo em desuso e substituído pelo códice.

O códice oferecia numerosas vantagens: facilidade de consulta e de transporte, maior capacidade de texto, pois era possível escrever em ambos os lados da folha, possibilidade de enumerar as páginas. Por isso os cristãos usaram o códice para a difusão de seus escritos, mesmo quando eles ainda não tinham adquirido o caráter sagrado.

Os textos mais antigos conservados do Novo Testamento possuem a forma de códice. A possibilidade de copiar vários escritos em um mesmo códice contribuiu para a expressão da ideia do cânon. A adoção do códice pelos cristãos representou uma ruptura com o judaísmo que não autorizava a cópia de seus textos sagrados em outro formato, a não ser o de rolo. Os judeus adotaram o códice a partir do século VIII aproximadamente. Porém, até hoje, o texto sagrado usado na sinagoga é escrito em hebraico sobre folhas de pergaminho e em forma de rolo.

4 OS MANUSCRITOS ANTIGOS

Não possuímos o texto original de nenhum livro da Bíblia. Possuímos, apenas, cópias que não foram feitas diretamente do texto original, mas de outras cópias. Essas são chamadas TESTEMUNHAS DO TEXTO.

As testemunhas do texto podem ser:

- Indiretas – quando reproduzem passagens do texto sagrado, como por exemplo, as citações bíblicas em diversos escritos ou os lecionários.
- Diretas – quando reproduzem o texto bíblico inteiro ou em parte, ou seja, um livro da Bíblia.

4.1 Testemunhas do texto hebraico

Até o final do século XIX, os manuscritos mais antigos conhecidos datavam do século X d.C. Trata-se, por exemplo, do manuscrito de Leningrado, datado de 1008/1009 d.C. e que é a base da edição crítica da Bíblia hebraica Stuttgartensia.

4.1.1 Fragmentos da gueniza do Cairo

Em 1896 vieram à luz nas ruínas da gueniza do Cairo, no Egito, inúmeros fragmentos de códices bíblicos que remontam ao século VII/VI d.C.

A sinagoga Ben Ezra estava situada na parte antiga da cidade do Cairo, capital do Egito. Posteriormente no local da sinagoga foi construída uma igreja copta dedicada a São Miguel, que depois foi vendida para a comunidade judaica do Egito.

"Gueniza" significa esconderijo, arquivo, tesouro, depósito. Era o lugar onde era recolhido o material religioso desgastado pelo tempo e em desuso. Esses textos não podiam ser jogados fora, pois continham conteúdo sagrado e em muitos deles estava escrito o Tetragrama sagrado (YHWH). Depois de algum tempo esse material era enterrado para evitar sua profanação. Mas, no caso da gueniza da sinagoga Ben Ezra, os manuscritos que estavam ali, foram esquecidos e foi construída uma parede, obstruindo sua entrada. Em 1892, arqueólogos encontraram a porta que dava acesso à gueniza da antiga sinagoga.

O conteúdo da gueniza é composto de fragmentos de livros bíblicos em hebraico, aramaico, grego e árabe, além de textos apócrifos. O acervo possui também cerca de 1200 cartas comerciais, fórmulas de oração, processos judaicos, coletâneas de poesias profana e sacra, textos gramaticais, calendários, além de muitos outros textos.

Trata-se de um dos mais importantes achados arqueológicos relacionados aos textos bíblicos. A quantidade de documentos é tão grande que ainda hoje, mais de um século depois, não há uma lista oficial de todos os textos descobertos. A estimativa é de 210.000 fragmentos. Desses 10.000 são textos bíblicos. Entre esses textos foram encontrados cinco fragmentos do Livro do Eclesiástico escritos em hebraico, datados entre o século XI e XII.

4.1.2 Manuscritos do Deserto da Judeia

Em 1947, na região do deserto da Judeia, em Israel, foram encontrados muitos manuscritos da Bíblia compostos, em sua maioria, em hebraico. As localidades mais importantes onde foram encontrados os manuscritos são: Hirbet Qumran (ou simplesmente Qumran), Nahal Hever, Wadi Murabbaat e a fortaleza de Massada.

a) Hirbet Qumran

Em 1947, Muhammad al Dib, beduíno árabe da tribo Taamireh, acidentalmente encontrou na região de Qumran, a 12km ao sul de Jericó, a noroeste do Mar Morto, uma gruta contendo 12 rolos de pergaminhos bíblicos, além de inúmeros fragmentos, muito antigos. Entre eles um rolo completo e outro fragmentário do profeta Isaías, um comentário do profeta Habacuc e um texto com as regras da comunidade. O rolo completo do profeta Isaías foi adquirido pelo Mosteiro Ortodoxo de São Marcos em Jerusalém, cujo patriarca, Mar Athanasius Yeshue Samuel, se interessou em submetê-lo aos peritos que o dataram de cerca de 125 a 100 a.C. Tratava-se da descoberta dos manuscritos bíblicos mais antigos.

Diante dessa constatação, beduínos e estudiosos lançaram-se à procura de mais documentos nessa região. Entre 1952 e 1956 foram localizadas mais dez grutas, nas quais foram encontrados centenas de manuscritos. O total de textos encontrados nessas grutas chega próximo a 900. Foram encontradas cópias de todos os livros do Antigo Testamento em hebraico, com exceção do Livro de Ester; alguns Deuterocanônicos, como Eclesiástico e Tobias; Apócrifos como o Livro dos Jubileus e o Testamento dos Doze Patriarcas; e grande número de escritos da própria comunidade, como: A Regra da Comunidade, o Rolo do Templo, a Regra da Guerra, o Documento de Damasco, Cânticos de Louvor, entre outros.

Os manuscritos de Qumran são datados do século III a.C. ao século I d.C., aproximadamente. Além dos textos, foram encontrados objetos sagrados judaicos como os “tefillin” (filactérios) e “mezuzot” (batentes de porta).

A identidade dos habitantes de Hirbet Qumran ainda é debatida. Mas a maioria dos estudiosos prefere identificá-los com os essênios.

b) Wadi Murabbaat

A região de Wadi Murabbaat localiza-se a 18km ao sul de Qumran e a 25km a sudoeste de Jerusalém. "Wadi" é uma palavra de origem árabe que significa riacho ou rio seco.

O Wadi Murabbaat foi o local de refúgio dos combatentes de Simão Bar Kochbá, chefe das milícias judaicas na segunda revolta contra os romanos entre 132 e 135 d.C.

Em 1951, beduínos localizaram quatro grutas onde foram encontrados textos bíblicos datados do século II d.C. Em 1955 foi localizada uma quinta gruta onde foi encontrado um rolo contendo o texto dos Doze Profetas Menores.

c) Nahal Hever

Nessa localidade, em 1952, foi localizado um manuscrito em grego dos Doze Profetas, além dos textos do Gênesis, Números e Salmos. Esses textos são do século I d.C.

d) Massada

A fortaleza de Massada localiza-se no deserto da Judeia, ao sul do mar Morto. Entre 1963 e 1965 foram descobertos quatorze manuscritos bíblicos, dentre os quais Gênesis, Levítico, Deuteronômio, Ezequiel, Salmos e uma cópia em hebraico do Livro do Eclesiástico. Esses manuscritos são anteriores ao ano 73 d.C., quando a fortaleza foi tomada e destruída pelos romanos.

Os textos encontrados no deserto da Judeia são os mais antigos textos bíblicos escritos em hebraico que conhecemos.

4.2 Testemunhas do texto grego

As testemunhas do texto grego também se dividem em testemunhas diretas e indiretas. As testemunhas indiretas são as citações e as versões. As diretas são os códices, papiros e lecionários.

4.2.1 Testemunhas indiretas

a) As citações

As citações encontradas nos escritores sagrados são tão numerosas que, unindo-as, se poderia reconstituir o texto de todo o Novo Testamento. Os primeiros padres, os padres apostólicos, normalmente citavam o texto de memória e raramente de forma literal.

b) As versões

Os textos usados para as versões, como, por exemplo, a Vulgata, permite reconstituir o antigo texto hebraico. Algumas delas são anteriores aos códices mais antigos.

4.2.2 Testemunhas diretas

a) Os códices

Os códices são as testemunhas diretas do texto e, por isso, são os mais importantes. São aproximadamente 4.300, dos quais 53 contêm todo o Novo Testamento.

Os códices podem ser:

- UNCIAIS – escritos em pergaminhos com letras maiúsculas. São indicados por uma letra do alfabeto latino (A, B, C,) ou grego, ou por um número precedido do zero (047). A escrita uncial prevaleceu nos códices até o século VII-VIII. São conhecidos 266 códices unciais, muitos deles fragmentários.
- MINÚSCULOS – escritos em pergaminhos com letras minúsculas ou cursivas. A escrita cursiva prevaleceu a partir do século IX. Os códices minúsculos são aproximadamente 2.750. São indicados por um número arábico.
- PAPIROS – são indicados com a letra "P" seguida de um número arábico com expoente. São conhecidos 96 papiros datados entre os séculos III ao IV d.C.
- LECIONÁRIOS – a Igreja, bem cedo, selecionou passagens dos livros do Novo Testamento para serem usadas na liturgia diária e em especial na liturgia dominical. Foram catalogados 2.193 lecionários, todos posteriores ao século IX. São designados com a letra "L" seguida de um número arábico.

Alguns códices unciais ou maiúsculos:

- B = 03: CÓDICE VATICANO – chamado assim porque se encontra na Biblioteca Vaticana. Contém 734 folhas de pergaminho medindo 272 x 268mm; o texto é escrito em três colunas por folha. Contém o Antigo Testamento em grego e o Novo Testamento. Infelizmente o texto é mutilado: começa em Gn 46,28 e termina em Hb 9,14. Foi copiado no século IV, provavelmente no Egito (segundo outros na Ásia Menor ou em Roma)
- S = 01: CÓDICE SANAITICO – descoberto por Constantino Tischendorf no Mosteiro de Santa Catarina, no monte Sinai, em 1844 e 1859. Atualmente encontra-se no Museu Britânico de Londres. É formado por 347 folhas de pergaminho me-

dindo 430 x 370mm, e escritas em quatro colunas. Contém o Antigo e o Novo Testamento em grego com alguns Apócrifos como: 4Macabeus, Pastor de Hermas, Carta de Barnabé. Foi copiado no século IV-V.

- A = 02: CÓDICE ALEXANDRINO – copiado no Egito, provavelmente em Alexandria, no século V. Encontra-se, hoje, no Museu Britânico de Londres. Contém o Antigo e o Novo Testamento escrito em duas colunas sobre 773 folhas que medem 320 x 260mm.

- C = 04: CÓDICE PALIMPSESTO (REESCRITO) DE EFRÉM – copiado no século V no Egito, no século XIII foi raspado e reescrito com as obras de Efrém. Está na Biblioteca Nacional de Paris. Possui fragmentos do Antigo Testamento e quase todo o Novo Testamento. Consta de 209 folhas de 325 x 260mm.

- D = 05: CÓDICE DE BEZA OU CANTABRIGENSE – contém os Evangelhos e os Atos dos Apóstolos em grego (página esquerda) e em latim (página direita). Copiado no século V-VI, em 1562 foi adquirido por Teodoro Beza que, em 1582, doou à Academia de Cambridge. Daí sua dupla identificação. Consta de 406 folhas medindo 260 × 215mm.

Códices minúsculos

- CÓDICE 461: contém os evangelhos. É considerado o mais antigo dos códices minúsculos. Foi escrito no ano 835. Atualmente se encontra em São Petersburgo (Leningrado, Rússia).

b) Os papiros

- P52 – é o mais antigo manuscrito do Novo Testamento conhecido até hoje. É datado da primeira metade do século II. Foi descoberto no Egito e pertence a John Ryland Library, de Manchester. É um pequeno fragmento que contém o texto de Jo 18,31b-33a (no reto) e 37-38 (no verso).

- P45, P46, P47 – chamados Papiros Chester Beatty porque foram adquiridos no Egito pelo inglês Alfred Chester Beatty em 1930-1931. Todos os três papiros são do século III.

P45 tem 28 folhas e contém boa parte dos evangelhos e dos Atos dos Apóstolos; P46 possui 86 folhas com quase todas as Cartas de Paulo na seguinte ordem: Rm, Hb, 1-2Cor, Ef, Gl, Fl, Cl, 1Ts. Provavelmente a 2Ts estava nas folhas perdidas.

P47, com 10 folhas, contém Ap 9,10–17,2.

Esses papiros são importantes por causa da amplitude dos textos contidos.

c) Os lecionários

- L – 1596: é o mais antigo dos lecionários. Foi escrito no século V. Atualmente está em Viena (Áustria).

- L – 961 E L – 1566: os dois lecionários são do século IX. O lecionário 961 está em Paris e o 1566 em Friburgo (Suíça).

5 AS ANTIGAS TRADUÇÕES

5.1 Traduções do Antigo Testamento

a) Traduções aramaicas – TARGUM

Enquanto em Israel, durante séculos, se falava hebraico, em muitos de seus vizinhos o aramaico foi se popularizando. A língua aramaica era usada sobretudo no comércio, como meio de comunicação internacional e na diplomacia. Muitos judeus, já pelo ano 700 a.C. conheciam e falavam o aramaico, como podemos deduzir de 2Rs 18,26: O rei da Assíria, Senaquerib, enviou um mensageiro para falar com Ezequias, rei de Judá. Quando o mensageiro começou a falar em lugar público, *Então Eliacim filho de Helcias, Sobna e Joaé responderam ao chefe dos copeiros: "Por favor, fala conosco em aramaico, porque o compreendemos. Não fale conosco em judaico, enquanto o povo que se acha sobre a muralha está ouvindo".*

Durante o exílio na Babilônia os judeus se acostumaram a falar o aramaico, esquecendo assim a língua própria, o hebraico. Após cinquenta anos, ao retornarem para a Judeia, continuaram usando o aramaico em vez do hebraico de tal modo que, pouco a pouco, o aramaico tornou-se a língua falada por todos no cotidiano. O hebraico continuou sendo a língua usada nos textos sagrados e no culto. Porém, as pessoas, sobretudo os mais jovens, sentiam grandes dificuldades aos sábados, nas sinagogas, quando o texto sagrado era lido em hebraico. Assim surgiu a necessidade de traduzir a Bíblia para o aramaico quando era lida na sinagoga.

Esse trabalho era feito por um escriba intérprete ou tradutor. Ele ficava em pé ao lado do leitor e traduzia, enquanto o leitor interrompia a leitura. A tradução era feita oralmente e sem o auxílio de um texto escrito previamente para mostrar a distinção entre o texto sagrado e a sua tradução ou interpretação.

Essa tradução recebeu o nome de TARGUM. O significado de Targum é muito amplo: pode indicar uma tradução e também uma interpretação.

Os rabinos criaram normas para essa tradução. Para a Torá (Pentateuco) a tradução oral era feita a cada versículo. Para os outros livros bíblicos, a cada três versículos.

Muitas vezes a tradução era acompanhada por paráfrases explicativas.

Alguns exemplos de Targum:

Ex 3,14: ***"Eu sou aquele que sou".***
Targum: "*Eu sou aquele que falou e o mundo existiu; aquele que deve ainda falar, e o mundo existirá; Eu sou aquele que estava convosco na escravidão do Egito e estará convosco em toda escravidão*".

Gn 3,22: um targum aplica a Adão a legislação mosaica dizendo que Deus colocou Adão no paraíso "*... para que observasse os mandamentos da lei e cumprisse os seus preceitos*".

Gn 28,18: o texto hebraico diz que depois do sonho da escada que ligava o céu e a terra, "*Jacó tomou a pedra sobre a qual repousara a cabeça e a erigiu em estela, derramando óleo sobre ela*".
O Targum diz que antes de jogar óleo sobre a pedra, Jacó "*fez uma libação de vinho e uma libação de água, porque assim se devia fazer na festa dos Tabernáculos*".

Mais tarde, a partir do final do século I d.C. os targumim (plural de targum) começaram a ser redigidos:

- Sobre a Torá (Pentateuco) existem alguns targumim, dos quais o mais célebre é o TARGUM DE ÔNKELOS, atribuído a certo Ônkelos, do século I ou II d.C. Os outros são o Targum Hierosolimitano I (também chamado Targum do Pseudo Jônatas), o Targum Hierosolimitano II (ou Targum Fragmentário) e o Targum Neophyti I;
- Sobre os profetas existe o chamado Targum de Jônatas ben Uzziel, discípulo do rabino Hillel. Contém o texto dos Profetas Anteriores (Josué a Reis) e dos Profetas Posteriores (Isaías a Malaquias). Provavelmente surgiu na Babilônia entre os séculos III e V.
- Sobre os Escritos existe um Targum dos Salmos, Targum de Jó, Targum das Crônicas. Foram escritos entre os séculos V e IX. Não existe nenhum targum sobre Daniel, Esdras e Neemias.

O Targum não tinha o objetivo de substituir o texto sagrado. Este continuava a ser lido em hebraico e era intocável, insubstituível mesmo que incompreensível para muitos. O targum era uma simples tradução mais fácil e inteligível e com muitas notas explicativas exatamente para manter o texto sagrado compreensível e ao mesmo tempo sem mudanças, pois era sagrado.

O fato de o mesmo texto ser traduzido e parafraseado não dava a impressão de infidelidade ao texto hebraico.

b) Tradução grega – A Setenta

A primeira tradução da Bíblia hebraica foi para a língua grega. Foi iniciada no século III a.C. em Alexandria, no Egito. É conhecida como *Septuaginta* (em latim), e *Setenta* (em português).

Essa denominação tem origem em um escrito conhecido como "Carta de Aristeia", escrita por volta do ano 130, e que narra a origem dessa tradução.

Aristeia escrevendo a seu irmão Filócrates descreve como surgiu a tradução grega da Bíblia: O rei do Egito, Ptolomeu II, Filadelfo (285-247) desejava ter, na biblioteca de Alexandria, uma cópia da Lei dos judeus, traduzida em grego. Para essa finalidade, ele enviou uma delegação (Aristeia fazia parte) para Jerusalém pedindo ao sumo sacerdote Eleazar uma cópia da lei e um grupo de sábios que pudessem traduzi-la para o grego. Foram, então, enviados à Alexandria 72 rabinos versados em hebraico e grego (seis rabinos para cada uma das doze tribos de Israel). Chegados ao Egito, os sábios foram instalados na ilha de Faros, defronte a Alexandria, cada um em uma cela separada. A tradução foi concluída em 72 dias. O número 72 foi arredondado para 70 e deu origem ao nome da tradução: Setenta, abreviada em algarismos romanos: LXX.

O objetivo dessa carta era legitimar a tradução grega perante os judeus que viviam em Alexandria e na Diáspora. Logicamente a Carta de Aristeia possui pouco ou nenhum fundamento histórico. É certo que, no século III a.C. em Alexandria, havia uma grande comunidade de judeus que falavam grego e já não conseguiam mais ler a Lei em hebraico.

Os motivos da tradução, possivelmente, foram de ordem litúrgica, devocional e para estudos. Os estudiosos acreditam que a tradução da LXX não foi o projeto de um grupo específico, mas sim o trabalho realizado por diversos tradutores em épocas distintas, com estilos e métodos diferentes.

A Setenta parece ser uma coleção de traduções gregas feitas de maneira independente por várias pessoas e grupos da própria comunidade judaica do Egito. A tradução começou no século III a.C. e só terminou no século II a.C. Certamente essa tradução começou pelo Pentateuco, por sua importância no judaísmo e pelo uso semanal nas sinagogas.

Alguns livros apresentam uma boa tradução do texto hebraico, outros menos. Em muitas passagens em vez de traduzir o texto hebraico, a Setenta faz uma interpretação e, assim, nem sempre é fiel ao original.

O Pentateuco (Lei) e os Livros Históricos são fiéis; Ezequiel, os Salmos e Eclesiastes são literais; Lamentações, Cântico dos Cânticos e Rute tendem para o literal; Isaías, Ester, Provérbios e Jó são traduções livres. Inclusive o texto de Jó é um sexto mais breve que o original hebraico. Também, os livros de Samuel e Jeremias apresentam um texto menor do que o texto hebraico. No texto de Jeremias faltam, aproximadamente, 2.700 palavras. A tradução do Livro do profeta Daniel era tão malfeita que no século III/IV a Igreja adotou a tradução de Teodocião.

Os livros de Samuel, Reis e Crônicas foram divididos em duas partes (Primeiro Livro de Samuel e Segundo Livro de Samuel; Primeiro de Reis e Segundo Livro de Reis; Primeiro Livro das Crônicas e Segundo Livro das Crônicas). O uso das vogais aumentou o tamanho do texto, aumentando também o tamanho dos rolos de papiro/pergaminho.

Além da tradução dos 39 livros da Bíblia hebraica, foram incluídos vários livros que não tiveram aceitação no cânon hebraico: Judite, Tobias, Baruc, Eclesiástico, Sabedoria, Primeiro Macabeus; Segundo Macabeus; Terceiro Macabeus; Quarto Macabeus e Primeiro Esdras (isto é, Livro de Macabeus ou de Esdras), Salmos de Salomão, Odes, Carta de Jeremias, e os acréscimos nos livros de Ester e Daniel.

A Setenta também apresenta uma numeração dos Salmos diferente do texto hebraico. Até o Salmo 8 a numeração coincide. Ao unir os Salmos 9 e 10, a numeração grega apresenta um número inferior em relação ao texto hebraico. Com o Salmo 147 foi feito o contrário. O salmo foi divido em dois. Assim, tanto o texto hebraico quanto o texto grego possuem 150 salmos.

O cânone hebraico e o cânone grego apresentam muitas diferenças, pois além dos acréscimos a ordem dos livros é diferente.

O cânone da Setenta é o seguinte:

- Pentateuco: Gênesis, Êxodo, Levítico, Números e Deuteronômio.

- Históricos: Josué, Juízes, Rute, quatro Livros dos Reinos (Livros Primeiro e Segundo Livro Samuel; Primeiro e Segundo Livro dos Reis), dois livros de Paralipômenos (Primeiro e Segundo Livro das Crônicas), 1 Livro de Esdras (apócrifo), dois livros de Esdras (Livro de Esdras e Livro de Neemias), Ester, Judite, Tobias, Macabeus (Primeiro, Segundo, Terceiro e Quarto Livro).

- Poéticos: Salmos, Odes, Provérbios, Eclesiastes, Cântico dos Cânticos, Jó, Sabedoria de Salomão, Eclesiástico, Salmos de Salomão.

- Proféticos: Oseias, Amós, Miqueias, Joel, Abdias, Jonas, Naum, Habacuc, Sofonias, Ageu, Zacarias, Malaquias, Isaías, Jeremias, Baruc, Lamentações, Carta de Jeremias, Ezequiel, Susana, Daniel, Bel e o Dragão.

A importância da Setenta é indiscutível. Além de ser a primeira tradução da Bíblia, foi o texto mais usado pelos judeus da diáspora e pelos autores do Novo Testamento (300 das 350 citações do Antigo Testamento) e tornou-se a Bíblia da Igreja primitiva.

c) Traduções judaicas da Setenta

Durante o século II d.C. surgiram outras versões gregas feitas por judeus. Os motivos foram: a crescente rejeição da Setenta por causa das grandes divergências com o texto hebraico, e o fato de os cristãos tomarem como própria a tradução grega. O objetivo dessas novas versões era adequar o texto da Setenta ao texto hebraico, estabelecido definitivamente no início do século II d.C.

- A versão de Áquila

Áquila, segundo algumas fontes, foi um oficial romano da cidade de Sínope, no Ponto Euxino (Ásia Menor). Converteu-se primeiro ao cristianismo e depois se tornou um prosélito judeu. Aprendeu o hebraico e adotou a cultura judaica.

Pelo ano 140 d.C., ele fez uma tradução do Antigo Testamento do hebraico para o grego. Traduziu literalmente o texto hebraico. Cada palavra, cada partícula foi traduzida em sentido tão literal que não obedeciam às regras mais elementares da gramática grega. Com isso sua versão tornou-se ininteligível. Mas seu trabalho foi bem aceito pelos judeus por causa da proximidade com o texto hebraico.

Existem apenas alguns fragmentos.

- A versão de Teodocião

Era um prosélito de Éfeso que, pelo ano 180 d.C., fez uma tradução para a língua grega. Trata-se de uma tradução elegante que se apoia totalmente na Setenta, a ponto de parecer sua revisão. Muitas citações do Antigo Testamento feitas pelos autores do Novo Testamento são tiradas dessa versão. Inclusive a Igreja preferiu o texto do Livro de Daniel tirado da tradução de Teodocião em vez do texto da Setenta que é bastante obscuro. Infelizmente sua tradução se perdeu.

- A versão de Símaco

Não há consenso na identificação de Símaco. Segundo Epifânio de Salamina, Símaco era um samaritano convertido primeiro ao judaísmo e depois ao cristianismo. Segundo Euzébio de Cesareia e Jerônimo, era um partidário da seita dos ebionitas.

Sua obra é do ano 200 d.C. Procurou traduzir o sentido do texto em vez de se ater às palavras.

d) Traduções cristãs da Setenta

- A Héxapla de Orígenes

As frequentes transcrições da Setenta, pouco a pouco aumentaram as divergências com o texto hebraico. Nas polêmicas contra os cristãos os judeus não aceitavam as provas bíblicas tiradas do texto grego que fora adotado pela Igreja.

Para acabar com esses inconvenientes, Orígenes idealizou uma obra colossal: a "Héxapla", ou seja, uma Bíblia com seis colunas. Essa obra foi produzida entre os anos 215 a.C. até 245 d.C. Seu objetivo era oferecer um texto uniforme do Antigo Testamento, mostrando aos cristãos aquilo que estava ou não estava no texto hebraico. Sua obra era composta de 50 volumes com 6 mil folhas.

Esquema da Héxapla:

- Primeira coluna: texto hebraico escrito com caracteres hebraicos;
- Segunda coluna: texto hebraico escrito com letras gregas;
- Terceira coluna: texto de Áquila;
- Quarta coluna: texto de Símaco;
- Quinta coluna: texto da LXX (Setenta) revisado pelo próprio Orígenes;
- Sexta coluna: texto de Teodocião.

Por causa de sua extensão a Héxapla foi copiada parcialmente. São Jerônimo consultou essa magnífica obra na biblioteca de Cesareia, no século IV. Infelizmente a única cópia completa existente foi destruída no incêndio da biblioteca de Cesareia em 640 d.C., durante a conquista muçulmana. Existem dois textos fragmentados da Héxapla.

- A recensão de Luciano

Luciano era um padre de Antioquia que morreu mártir no ano 312 d.C. Pelo ano 300 d.C. ele fez uma nova revisão da Setenta sobre um texto hebraico, diferente daquele conhecido. Sua tradução foi bem aceita e aparece, sobretudo, nos textos dos Padres Antioquenos, como São João Crisóstomo e Teodoreto.

5.2 Traduções do Antigo e do Novo Testamento

a) Traduções siríacas

As traduções em siríaco são muito antigas e até hoje se discute suas origens. Alguns pesquisadores admitem uma origem judaica para essas traduções, enquanto outros tendem a defender uma origem cristã.

Provavelmente as traduções em siríaco são o trabalho de várias pessoas e de várias épocas que foram traduzindo o texto de acordo com a necessidade da comunidade cristã que falava esse idioma.

A mais célebre versão siríaca é a chamada PESHITA, isto é, versão simples, comum, vulgar.

O Antigo Testamento foi traduzido diretamente do hebraico no século II d.C., em Edessa, na Síria. A princípio continha somente os Livros Protocanônicos. Os Deuterocanônicos foram acrescentados depois, a partir de uma tradução da Setenta. O Novo Testamento foi acrescentado pelo século V e foram traduzidos por Rabbula, bispo de Edessa (411-435 d.C.).

A peshita tornou-se a versão siríaca oficial, e é usada, ainda hoje, nas Igrejas nestorianas e monofisitas.

b) O Diatéssaron

Pelo ano 170 d.C. Ticiano fundiu os quatro evangelhos em um único texto. Sua obra recebeu o nome de *Diatéssaron* (através dos quatro). Provavelmente Ticiano escreveu em grego, mas sua obra foi rapidamente traduzida para o siríaco. Por isso difundiu-se nas igrejas da Síria. Essa obra chegou até nós em algumas versões posteriores.

c) Traduções coptas

O cristianismo se difundiu rapidamente no Egito. Pelo século II ou III surgiu a tradução da Bíblia em copta. Conhecemos quatro versões que correspondem aos quatro principais dialetos coptas: sahídico, bohairico, faiúmico e alchímico. Trata-se de uma tradução da Setenta. No século V grande parte da Igreja copta tornou-se monofisita.

d) Tradução etiópica

O cristianismo chegou à Etiópia pelo ano 330/350 pelo trabalho de dois irmãos, os santos Frumêncio e Edésio. Florescente no século V, a Igreja da Etiópia, logo depois, caiu na heresia monofisita. A tradução do Antigo Testamento em etiópico foi feita a partir do texto da Setenta; o Novo Testamento de manuscritos gregos.

e) Tradução armena

Feita no século V pelo patriarca Santo Isaac, o Grande (390-440) e Senhor Mesrop (morto em 441 e inventor da escrita armena). O Antigo Testamento foi traduzido da Héxapla de Orígenes e o Novo Testamento de manuscritos gregos.

f) Tradução georgiana

A Geórgia se converteu ao cristianismo no século IV. As primeiras traduções da Bíblia datam do século V/VI e dependem da tradução armena. Os monges do monte Athos fizeram as primeiras versões em georgiano. A nova versão do Antigo Testamento foi realizada com base na Héxapla de Orígenes; e o Novo Testamento de textos gregos.

g) Traduções árabes

O cristianismo se difundiu muito pouco nos países de língua árabe antes do século III. Mas as traduções árabes só apareceram no século VIII.

h) As antigas traduções latinas – A Vetus Latina

Até o século III, o grego foi muito usado pelos cristãos, sendo a principal língua na liturgia. Alguns dos primeiros teólogos e escritores da Igreja, como Clemente de Roma, Irineu de Lião, Justino Mártir, Hipólito de Roma, Tertuliano de Cartago, Jerônimo entre outros escreviam em grego. A literatura cristã latina começou a aparecer no norte da África no século II com as obras de Tertuliano e Cipriano de Cartago. A latinização do cristianismo foi gradual.

As versões latinas da Bíblia, anteriores à Vulgata, são conhecidas como "VETUS LATINA" (antiga latina).

É impossível saber quantas traduções existiam. Alguns críticos supõem a existência de ao menos duas traduções latinas principais: a Vetus Afra (antiga africana) usada por Tertuliano (160-220) e por Cipriano (200-258), e mais tarde por Agostinho; e a Vetus Ítala, ou simplesmente ítala (itálica) que circulava na Itália, Gália e Espanha.

A Vetus Latina veio ao encontro das necessidades das comunidades cristãs que não compreendiam mais o grego e, portanto, precisavam de versões em latim. É uma tradução da Setenta para o latim. Os tradutores não eram pessoas cultas e tinham um conhecimento limitado tanto do grego como do latim. Consequentemente a Vetus Latina possui um texto rude e até incompreensível. O latim usado era o popular.

i) A Vulgata

A tradução feita por São Jerônimo e que se tornou o texto oficial da Igreja recebeu o nome de VULGATA (popular). Essa denominação se deve a Erasmo de Roterdam e Lefevre d'Etaple. Em 1546 o Concílio de Trento consagrou essa denominação.

Vamos conhecer um pouco sobre a vida e trabalho de São Jerônimo?

- **Dados biográficos de São Jerônimo**

  Sofronius Euzébius Hieronimus nasceu em 347 d.C., na cidade de Stridon, no norte da Dalmácia.

  Em 354 foi para Roma estudar lógica, filosofia e gramática. Entre 375 e 377 estudou grego e hebraico em Antioquia, com um judeu convertido. Foi ordenado presbítero em 379, por Paulino, bispo de Antioquia, na Síria. Logo depois foi para Constantinopla (Istambul) onde conheceu Gregório de Nazianzo e Gregório de Nissa. Entre 382 e 384 tornou-se secretário do papa Damaso I. Em 382, o papa resolveu revisar o texto da Vetus Latina com base no texto grego da Setenta, para ser usado na liturgia. E encarregou Jerônimo desse trabalho.

  Jerônimo começou a trabalhar em 383 e concluiu seu trabalho em 405. Primeiro ele fez a revisão de um texto da Vetus Latina e, depois, a tradução dos textos grego e hebraico.

  Com a morte de Damaso I em 385, Jerônimo foi para Belém onde permaneceu por 34 anos. Morreu no dia 30 de setembro de 419/420 em Belém.

- **A obra de Jerônimo**

  - **Revisão da Vetus Latina**

  Em 383 Jerônimo iniciou a revisão dos evangelhos. Com base em ótimos códices gregos, revisou um texto da Vetus Latina corrigindo-o onde o sentido fora alterado. É bem provável que o trabalho de revisão se estendeu por todo o Novo Testamento.

  Esse texto revisado é o texto do Novo Testamento que se encontra na Vulgata.

  Em 384, Jerônimo fez a revisão dos Salmos com base no texto da Setenta. Ele mesmo reconheceu que foi uma revisão incompleta e apressada. É o "Psaltérium Romanum", assim chamado porque foi usado na Igreja romana até pelo ano 1570, isto é, antes da adoção da Vulgata.

Em Belém, entre os anos 386 e 390, Jerônimo fez a revisão dos Livros Protocanônicos do Antigo Testamento com base no texto da Héxapla de Orígenes, que ele consultou na biblioteca de Cesareia. Infelizmente esse trabalho se perdeu antes de ser publicado. Salvou-se apenas a revisão do Saltério que recebeu o nome de "Psaltérium Gallicanum". A denominação se deve à difusão desse Saltério em todas as Igrejas (com exceção de Roma e Milão), sobretudo na Gália (França). Esse é o Saltério que se encontra na Vulgata. Com a reforma de São Pio V (1568) esse texto entrou também no Breviário (Liturgia das Horas), substituindo o Saltério Romano.

- **Tradução da Vulgata**

Quanto mais estudava o hebraico, mais Jerônimo se convencia da necessidade de uma nova tradução do Antigo Testamento, diretamente do texto hebraico e não do texto grego da Setenta.

Essa tradução do hebraico para o latim foi feita em Belém entre os anos 390 e 405. Jerônimo usou como base um rolo hebraico do Antigo Testamento em uso na sinagoga de Belém, que ele transcreveu pessoalmente. Em caso de dúvidas em relação ao texto, consultava a opinião de rabinos ou outras traduções como a própria Setenta, as traduções de Símaco, Áquila e Teodocião.

Traduziu apenas os Livros Protocanônicos. Dos Livros Deuterocanônicos, que não constavam no texto hebraico, traduziu apenas Tobias e Judite, e o fez a pedido de amigos. Segundo ele contou, Tobias foi traduzido em um dia, e Judite em uma noite.

Ao traduzir, Jerônimo não seguiu a ordem dos livros do texto hebraico, mas traduzia os livros à proporção que lhe pediam. No prefácio que colocou no início de cada livro ou grupo de livros, cita o nome das pessoas que lhe solicitaram a tradução. Por exemplo: o Saltério foi pedido por um tal Sofrônio (PRAEF. In: *Psalm.* ML 28,1123-8); Esdras e Neemias foram solicitados por Domione e Rogaciano (PRAEF. In: *Ezram.* ML 28,1403)

Cronologia das revisões e traduções

- **Revisões**

Em Roma: 383 – os quatro evangelhos.

384 – o Saltério (romano) e outros livros do Novo Testamento.

Em Belém: 386-390 – o Antigo Testamento e, sobretudo, o Saltério (Galicano).

- **Traduções**

Em Belém: 390 – os quatro Livros dos Reis (= Sm e Rs).

391 – Saltério

392 – Os Livros dos Profetas.

393 – O Livro de Jó.

395 – O Livro de Esdras e o Livro de Neemias.

396 – Os Livros das Crônicas.

397 – Os Livros dos Provérbios, Eclesiastes e Cântico dos Cânticos.

398 – 404 – O Pentateuco.

405 – Os Livros de Josué, Os Livros dos Juízes, O Livro de Rute e o Livro de Ester.

? – O Livro de Judite e O Livro de Tobias.

Disso resulta que a Vulgata é composta por textos traduzidos por Jerônimo e por revisões de um texto da Vetus Latina, cujo autor desconhecemos.

Antigo Testamento

- Os Protocanônicos foram traduzidos por Jerônimo do hebraico para o latim.
- O Saltério (Saltério Galicano) é uma revisão da Vetus Latina com base na Héxapla de Orígenes.
- Tobias e Judite foram traduzidos do aramaico.
- Daniel é o texto da tradução de Teodocião.
- Eclesiástico, Baruc, Sabedoria e Macabeus é o texto da Vetus Latina.

Novo Testamento

- É uma revisão da Vetus Latina sobre um texto grego.

- **Cânon da Vulgata**

Antigo Testamento	Novo Testamento
Pentateuco: Gn. Ex. Lv. Nm. Dt.	*Históricos*: Mt. Mc. Lc. Jo. At.
Históricos: Js. Jz. Rt. 1Sm. 2Sm. 1Rs. 2Rs. 1Cr. 2Cr. Esd. Ne. Tb. Jt. Est.	*Didáticos:* Rm. 1Cor. 2Cor. Gl. Ef. Fl. Cl. 1Ts. 2Ts. 1Tm. 2Tm. Tt. Fm. Hb. Tg. 1Pd. 2Pd. 1Jo. 2Jo. 3Jo. Jd.
Poéticos: Jó Sl. Pr. Ecle. Ct. Sb. Eclo.	*Profético*: Ap.
Proféticos: Is. Jr. Lm. Br. Ez. Dn. Os. Jl. Am. Ab. Jn. Mq. Na. Hab. Sf. Ag. Zc. Ml.	*Apêndice*: Oração de Manassés, 3Esd. 4Esd.
Últimos Históricos: 1Mc. 2Mc.	

Infelizmente o texto da Vulgata sofreu várias alterações ao longo dos anos. Muitas vezes o texto foi alterado com base em alguns manuscritos da Vetus Latina. Foi necessário fazer algumas revisões do texto original. Destacam-se duas revisões:

- **Edição Sisto Clementina** – O nome vem dos papas Sisto V que em 1586 nomeou a comissão revisora, e de Clemente VIII que em 1592 editou o texto revisado.
- **Neovulgata** – realizada a pedido do Concílio Vaticano II e publicada em 1979 pelo papa Paulo VI.

j) Traduções em português

Pelo ano 1320, os monges do mosteiro de Alcobaça, Portugal, editaram uma tradução do Novo Testamento e um resumo do Antigo Testamento.

- Em 1681 apareceram os primeiros textos completos da Bíblia em português. João Ferreira de Almeida, ministro calvinista, publicou o Novo Testamento traduzido diretamente do grego. Alguns anos depois publicou o Antigo Testamento da Vulgata. Essa é a tradução editada, ainda hoje, pela Sociedade Bíblica do Brasil e usada nas edições evangélicas.
- Entre os anos 1772 a 1790 surgiu a tradução feita pelo Pe. Antônio Pereira Figueiredo. É uma tradução da Vulgata. Essa Bíblia foi editada no Brasil em 1864.
- Em 1932 as Edições Paulinas do Brasil editaram uma nova tradução da Vulgata feita pelo Pe. Matos Soares.

- Em 1958 a Editora Ave-Maria publicou a chamada *Bíblia da Ave-Maria.* É uma tradução da edição francesa dos monges de Maredsous, Bélgica. O texto foi revisto e reeditado várias vezes.
- Entre 1965 e 1968 a Editora Abril publicou em sete volumes *A Bíblia mais bela do mundo*, assim chamada por causa das belas ilustrações que contém.
- As Edições Paulinas publicaram, em 1967, a *Bíblia Sagrada*, baseada no texto italiano do Pontifício Instituto Bíblico de Roma. Possui excelentes notas de rodapé. Foi feita apenas uma edição.
- Em 1980 o Centro Bíblico Católico publicou a *Bíblia Fácil.* Contém apenas o Novo Testamento e um resumo do Antigo Testamento, e muito poucas notas de rodapé.
- Em 1981 foi a vez da *Bíblia de Jerusalém*, editada pelas Edições Paulinas. A tradução portuguesa é baseada nos originais franceses editados pela Escola Bíblica de Jerusalém. É um texto bom e de valor científico.
- No ano 1982 a Editora Vozes publicou a *Bíblia Sagrada.*
- E em 1983 a Edição Loyola editou a chamada "Bíblia mensagem de Deus".
- Em 1990 as Edições Paulinas editaram a "Bíblia pastoral". Uma tradução feita por renomados biblistas brasileiros. Como o nome diz, trata-se de um texto feito para o uso pastoral, por isso usa uma linguagem popular.
- Em 1992 a Editora Vozes e a Editora Santuário publicaram a *Bíblia* – pão nosso de cada dia. Trata-se de uma revisão da Bíblia *S*agrada publicada em 1982 pela Editora Vozes.
- Em 1994 as Edições Loyola publicaram a *Tradução Ecumênica da Bíblia* (TEB). É uma versão do texto francês (TOB), feita por autores católicos, ortodoxos, protestantes e judeus. Os livros do Antigo Testamento seguem a ordem da Bíblia hebraica e não a ordem da Vulgata.
- Em 2000 a Editora Paulus publicou o *Novo Testamento da Bíblia do peregrino.* O Antigo Testamento foi editado em 2002. A Bíblia do peregrino é uma tradução do texto espanhol preparado pelo renomado biblista Padre Luís Alonso Schökel.
- Em 2001 todas as editoras católicas do Brasil editaram a *Bíblia da CNBB.* O Novo Testamento tinha sido publicado em 1997. Trata-se de uma tentativa de ter um texto oficial para os lecionários, e os folhetos litúrgicos usados no Brasil. Porém a edição foi muito criticada.

- Em 2005 as Edições Paulinas editaram a “Bíblia Nova Tradução na Linguagem de Hoje (NTLH)”.
- Em 2015 a Paulinas Editora lançou os primeiros textos de uma nova tradução intitulada *A BÍBLIA*. Trata-se de uma tradução do grego para a português feita por exegetas e professores brasileiros. Até o momento foram editados o texto do Novo Testamento e o Livro dos Salmos.
- Em 2019 as Edições CNBB publicaram a *Bíblia Sagrada*. Tradução oficial da CNBB.

IV

A INSPIRAÇÃO

O termo INSPIRAÇÃO é de origem bíblica, tirado do texto latino da Vulgata.

São Paulo chama a Escritura de "divinitus inspirata" = divinamente inspirada. São Pedro disse que os profetas foram "movidos pelo Espírito Santo" (1Pd 1,21), que a Vulgata traduziu por "inspirados pelo Espírito Santo".

Para maior compreensão dividimos nosso estudo em quatro partes:

1. A existência da inspiração
2. A natureza da inspiração
3. A extensão da inspiração
4. Os efeitos da inspiração

1 A EXISTÊNCIA DE LIVROS INSPIRADOS

Antes de tudo é necessário demonstrar o fato da inspiração, ou seja, que existem livros inspirados e não inspirados.

Até o final do século XVIII ninguém negou a inspiração dos livros da Bíblia.

Algumas antigas heresias como os gnósticos (I e II século), os marcionitas (II séc.), os maniqueus (III séc.), os valdenses (XII séc.), não negavam a inspiração, mas atribuíram os livros do Antigo Testamento a um deus responsável pelo mal no mundo, um deus diferente do Deus bom e misericordioso revelado por Jesus Cristo. Negando a paternidade divina dos livros do Antigo Testamento, implicitamente essas heresias negavam a inspiração dos mesmos livros.

A negação da inspiração bíblica começou no século XVIII com o RACIONALISMO e o MODERNISMO. O Racionalismo afirma que o único critério da verdade é a razão. Nega, portanto, qualquer aspecto sobrenatural. Para os racionalistas a Bíblia é apenas uma coleção de livros humanos com todas as imperfeições e erros comuns a todos os outros livros.

Também o modernismo, derivado do racionalismo, nega a inspiração. A inspiração é apenas um impulso natural como o impulso poético, por exemplo. A inspiração atinge o autor e não o livro. Portanto, a Bíblia não é Palavra de Deus, mas contém a Palavra de Deus. Alfred Loisy chegou a afirmar que "Deus é o autor da Bíblia do mesmo modo como Ele é o arquiteto da basílica de São Pedro ou da catedral Notre-Dame de Paris".

1.1 A origem divina da Bíblia

a) O pensamento judaico

A ideia de uma Escritura inspirada por Deus não foi um dos principais temas da fé judaica, ao menos no início. Todavia, com o passar do tempo, toda a vida de Israel centrou-se na coleção de livros chamada TORÁ, LEI e, depois, sobre os outros livros que compõem o nosso Antigo Testamento.

Porém, não encontramos uma doutrina da inspiração da Sagrada Escritura. Mesmo quando se fala da ordem de Deus a Moisés ou a um dos profetas para escrever (cf. Ex 17,14; Is 30,8; Jr 36,2), não significa que o autor humano tivesse consciência de estar sendo inspirado por Deus.

Mas uma leitura atenta do Antigo Testamento mostra claramente que os judeus atribuíam à sua Bíblia um caráter sagrado. Assim, a Torá (Pentateuco) foi colocada ao lado da Arca da Aliança:

> *"Tomai este livro da Lei e colocai-o junto da Arca da Aliança do Senhor, vosso Deus..."* (Dt 31,26).

A Arca da Aliança era o objeto mais sagrado dos israelitas. Mais tarde ao lado da Lei se menciona as outras duas partes da Bíblia hebraica: Os profetas e os escritos (cf. Prólogo do Eclesiástico). A Lei é chamada "santa" (2Mc 8,23).

Esdras leu ao povo o *"Livro da Lei de Moisés que o Senhor havia prescrito a Israel" (Ne 8,1). "Leram o livro da Lei de Deus" (Ne 8,8).*

O rei Josias baseou sua reforma política e religiosa em Judá, no "Livro da Aliança" encontrado no Templo (2Rs 23,1-2). Hoje sabemos que esse livro contém o núcleo central do Livro do Deuteronômio.

A princípio a ideia da origem divina se restringiu apenas à Torá/Lei (Pentateuco). Aos poucos desenvolveu-se a ideia de que a Torá fora escrita por Deus antes da criação do mundo, e revelada a Moisés por meio de uma instrução oral, ou de um ditado de todas as suas palavras, ou, segundo outros, mesmo por intermédio da entrega do texto escrito. Assim, se reconhecia a origem divina de todas as partes da Torá, no seu sentido material.

Sob esse influxo se formou a ideia da inspiração também dos Livros Proféticos e dos Escritos. Como a Torá, também os demais livros foram considerados "livros que sujam as mãos", isto é, santos.

Essa doutrina da inspiração pode ser encontrada também em autores extra-bíblicos. Filão de Alexandria (+ 40 d.C.) chamava os livros da Bíblia de "Livros Sagrados" ou "Sagradas Escrituras", ou ainda "Sagradas Letras". Foi Filão quem usou pela primeira vez o verbo "inspirar" para exprimir a origem divina dos livros do Antigo Testamento.

Flávio José (+ 102/3 d.C.) dizia que nenhum judeu podia por livre-arbítrio escrever a história sagrada, mas apenas os profetas, que por inspiração divina, podiam conhecer o passado. Por isso os judeus consideravam seus livros como "sentenças divinas".

b) O pensamento bíblico

Jesus e os apóstolos atribuíram às Escrituras uma autoridade incontestável, porque elas são de origem divina. Essa consciência na autoria divina foi expressa com várias fórmulas:

> **"... o que o Senhor disse pelo profeta":** Mt 1,22; 2,15.17.23; 3,3; 4,14; 8,17; 12,17; 13,35; 21,4; 27,9.
>
> **"O Espírito Santo predisse pela boca de Davi":** At 1,16; 3,18,21.
>
> **"O Espírito Santo falou por meio de Isaías":** At 28,25.
>
> **"Deus prometeu pelos profetas nas Escrituras":** Rm 1,2.

> **Em Mt 19,4-5** Jesus responde à questão sobre o divórcio citando Gn 2,24: Nunca lestes que no princípio o Criador os fez homem e mulher e disse: "Por isso o homem deixará o pai e a **mãe** para unir-se **à sua mulher**...". Ora em Gn 2,24 essas palavras são do redator humano, mas Jesus cita-as como se fossem do próprio Criador.
>
> **Rm 9,17** identifica Deus com as Escrituras: "A Escritura disse ao faraó..."; porém segundo Ex 9,16 é Javé que fala ao faraó por intermédio de Moisés.
>
> **Gl 3,8:** "A Escritura... deu essa Boa-nova a Abraão", enquanto que em Gn 12,3 são palavras de Deus a Abraão.

Em muitos outros textos se atribui a Deus palavras do Antigo Testamento sem se preocupar se no texto são de fato do próprio Deus ou do autor sagrado.

Dois textos do Novo Testamento manifestam claramente a consciência da inspiração da Sagrada Escritura:

> **Primeiro – 2Tm 3,15-16:** "Desde a infância conheces as Escrituras Sagradas que podem instruir-te para a salvação pela fé no Cristo Jesus. Toda Escritura é inspirada por Deus e útil para ensinar, para repreender, para corrigir, para educar na justiça..."

Paulo exorta Timóteo a permanecer fiel naquilo que ele aprendeu desde pequeno por intermédio da Sagrada Escritura. Essas Escrituras têm o poder de conduzir à fé porque são inspiradas pelo próprio Deus. No versículo 16 se encontra a afirmação principal: "Toda Escritura é inspirada por Deus".

O uso de **Toda Escritura** deve ser entendido no sentido distributivo e não coletivo. Isto é, tudo o que está contido nas Escrituras. Por sua vez, **é inspirada,** remete a ser soprada por Deus; inspirada por Deus. Portanto, a Escritura é o efeito de um sopro particular de Deus, a inspiração. É por isso que ela é útil para instruir, refutar, corrigir, educar,...

Segundo – 2Pd 1,20-21: "Antes de tudo deveis saber que nenhuma profecia da Escritura surge por interpretação própria, porque jamais uma profecia foi proferida por vontade humana, mas foi pelo impulso do Espírito Santo que homens falaram da parte de Deus".

Pedro afirma que a doutrina sobre a segunda vinda de Cristo (parusía) não é um mito porque ele próprio já viu a majestade de Jesus na transfiguração (v. 16) e porque está contida na Escritura, e toda profecia é inspirada por Deus e não mera invenção humana.

Esse texto reconhece a ação de um agente humano (hagiógrafo) movido pelo Espírito Santo.

Portanto, "a profecia da Escritura" tem sua origem principalmente em Deus; o autor humano é totalmente dependente da ação do Espírito Santo.

c) A tradição cristã

Os padres apostólicos

São assim chamados os autores cristãos que sucederam imediatamente os apóstolos. Muitos deles foram discípulos dos apóstolos.

Para eles tanto os livros do Antigo como os do Novo Testamento são:

- "palavra do Senhor" (Didaché 14,3)
- "palavra do Espírito Santo" (Clemente Romano)
- "profecia do Espírito de Deus" (Pseudo-Barnabé)
- "Escritura sagrada" (Clemente Romano e Policarpo)

Essa terminologia tornou-se clássica na tradição cristã e chegou até nós.

E São Clemente Romano explica por que as Escrituras são sagradas: porque tiveram origem "mediante o Espírito Santo".

Os padres apologistas

Os apologistas (séc. II) defenderam a integridade da fé cristã contra as heresias. Eles chamaram os escritores inspirados de "profetas" (Justino) porque "escreveram movidos ou conduzidos pelo Verbo de Deus ou pelo Espírito Santo" (Justino, Atenágoras); eram como "instrumentos musicais tocados por Deus" (Atenágoras).

Os padres do século III ao VII

Esses autores afirmam que na composição da Sagrada Escritura "o homem escreveu sob a inspiração divina" ou que "Deus inspirou as Escrituras"; chegam a afirmar que Deus "ditou as Escrituras" ou que Ele mesmo as escreveu (Orígenes, Hilário, Atanásio, Ambrósio, João Crisóstomo, Jerônimo, Agostinho).

Clemente de Alexandria foi o primeiro a usar a expressão: "Deus autor da Escritura".

Mas a primeira referência clara a Deus como autor literário da Escritura está em São Gregório Magno que chamou Deus de autor da Sagrada Escritura e o homem de escritor.

"As Escrituras são palavras de Deus" dizia Santo Irineu; "As Escrituras são um livro único composto por Deus" afirmou Cirilo de Alexandria.

Tanto o Antigo como o Novo Testamento têm como "autor o único e mesmo Deus" (Irineu, Cipriano, Euzébio, Basílio); são como uma "carta enviada por Deus" (João Crisóstomo).

Com essas expressões estes Padres da Igreja querem afirmar que a Sagrada Escritura não é um livro como outro qualquer, composto por uma só pessoa com suas qualidades naturais, mas é um livro divino porque foi composto por uma ação particular de Deus.

Convém lembrar que esses homens não estavam em um único lugar, mas espalhados por todas as comunidades cristãs do Oriente e do Ocidente. Algumas vezes discordaram na interpretação de alguns textos da Sagrada Escritura, mas sempre foram concordes quando se tratava de afirmar sua origem divina. Sobre esse ponto eles são testemunhas fiéis da fé da Igreja na inspiração da Bíblia.

O Magistério da Igreja

Durante muitos séculos a Igreja não sentiu necessidade de definir solenemente sua fé na inspiração dos livros sagrados. Bastava seu ensinamento ordinário.

A Igreja só sentiu essa necessidade quando surgiram erros que negaram ou desfiguraram a origem divina desses livros.

As primeiras heresias dualistas (maniqueus e valdenses) não negaram a inspiração de toda a Bíblia, mas atribuíram os livros do Antigo Testamento a um deus diferente daquele revelado por Jesus.

Por isso vários documentos eclesiásticos dos séculos V ao XV insistem na unidade dos dois testamentos e na unidade de seu autor divino. O documento mais importante desse período é o decreto do **Concílio de Florença** (1441) para a união dos jacobitas com a Igreja latina:

"A Sacrossanta Igreja Romana reconhece um só e mesmo Deus como autor do Antigo e do Novo Testamento, isto é, da Lei e dos Profetas e do Evangelho, porque foram escritos sob a inspiração de um mesmo Espírito Santo que falou aos santos de um e outro Testamento". E depois o documento elenca quais são os livros (EB 33).

O Concílio de Trento

Diante dos protestantes que negaram a inspiração dos Livros Deuterocanônicos do Antigo Testamento, o Concílio de Trento como Decreto sobre as Escrituras Canônicas, de 03 de abril de 1546, insistiu na inspiração de todos os livros do Antigo e do Novo Testamento. Não se tratava mais de definir a igualdade dos dois testamentos, mas a igualdade de todos os livros dos dois testamentos.

Retomando o que dissera o Concílio de Florença, o Concílio de Trento declara que a Igreja *"acolhe e venera com igual sentimento de piedade e com o mesmo respeito todos os livros, seja do Antigo como do Novo Testamento"*. E explica a razão: *"porque Deus é o autor de todos os livros de ambos"*. E depois de elencar todos os livros, conclui condenando quem não os acolhe como sagrados e canônicos.

Na realidade o protestantismo não negou a inspiração. Apenas não reconheceu a inspiração dos Livros Deuterocanônicos (Tb; Jt; Br; Sb; Eclo; 1 e 2Mc). Por isso, o Decreto de Trento não discute a inspiração, mas a canonicidade de alguns livros da Bíblia. Logicamente que ao aceitar um livro no cânon bíblico automaticamente se reconhece a sua inspiração.

O Concílio Vaticano I

Ao contrário de Trento, o Concílio Vaticano I definiu a inspiração da Sagrada Escritura contra os racionalistas que negaram a inspiração ao negar as realidades sobrenaturais.

Na Constituição Dogmática sobre a fé católica, *Dei Filius*, de 03 de março de 1870, o Concílio retomou a doutrina de Trento e acrescentou a razão: *"A Igreja os têm por sagrados e canônicos porque, escritos sob inspiração do Espírito Santo, eles têm Deus por autor e enquanto tais lhe foram confiados"*.

Temos, pois, uma definição dogmática sobre a inspiração das Sagradas Escrituras.

Três importantes Encíclicas trataram da inspiração da Sagrada Escritura:

- A Encíclica *Providentissimus Deus* do Papa Leão XIII (1893) – Retoma as afirmações do Concílio Vaticano I.
- A Encíclica *Spiritus Paraclitus* de Bento XV (1920) – Foi escrita para celebrar o XV centenário da morte de São Jerônimo. O papa relê toda a vida de São Jerônimo e dela tira uma série de ensinamentos sobre a inspiração dos livros sagrados *"que foram compostos por inspiração, sugestão ou mesmo*

ditado do Espírito Santo". A consequência da inspiração é a inerrância, ou seja, a Bíblia não contém erros em questões de fé e moral.

- A Encíclica *Divino afflante Spiritus* de Pio XII (1943) – Celebra os 50 anos da Encíclica *Providentíssimus Deus* de Leão XIII. Apresenta a importância dos estudos bíblicos, sobretudo das línguas bíblicas, o hebraico, o aramaico e o grego; diz que o dever do exegeta é *"indagar e expor o sentido genuíno dos livros sagrados"*; destaca a importância do uso dos textos originais na interpretação e também a atenção ao autor humano que se serviu de várias formas literárias, os gêneros literários.

O Concílio Vaticano II

A Constituição Dogmática sobre a revelação divina, *Dei Verbum*, no capítulo III, número 11, trata da inspiração divina da Sagrada Escritura:

> As coisas divinamente reveladas, que se encerram por escrito e se manifestam na Sagrada Escritura, foram consignadas sob inspiração do Espírito Santo. Pois a Santa Mãe Igreja, segundo a fé apostólica, tem como sagrados e canônicos os livros completos tanto do Antigo como do Novo Testamento com todas as suas partes, porque, escritos sob a inspiração do Espírito Santo (cf. Jo 20,31; 2Tm 3,16; 2Pd 1,19-21; 3,15-16), eles têm Deus por autor e nesta qualidade foram confiados à mesma Igreja. Na redação dos livros sagrados Deus escolheu homens, dos quais se serviu fazendo-os usar suas próprias faculdades e capacidades, a fim de que, agindo Ele próprio neles e por eles, escrevessem, como verdadeiros autores, tudo e só aquilo que Ele próprio quisesse.

A *Dei Verbum* retoma a doutrina tradicional da Igreja expressa no Concílio Vaticano I e nas encíclicas de Leão XIII, Bento XV e Pio X. Afirma claramente que os livros da Bíblia foram escritos por inspiração do Espírito Santo. Também o texto chama Deus de autor da Bíblia e os homens de verdadeiros autores porque colaboraram com suas faculdades e capacidades na confecção do texto sagrado.

1.2 A origem humana da Bíblia

A reflexão teológica deu grande importância à questão da origem divina da Sagrada Escritura e deixou de lado a contribuição humana.

Nunca se negou a participação humana na redação dos livros sagrados, mas se colocou essa participação em segundo plano. O problema era determinar qual a contribuição do autor humano na redação da Bíblia: foi um verdadeiro autor, ou mero canal transmissor da mensagem divina?

A Bíblia não fala nada a propósito do autor humano, embora no Antigo Testamento várias vezes se narra a ordem de Deus para uma pessoa escrever: Moisés ou os profetas. Assim, os profetas parecem ser meros transmissores da mensagem divina.

Mesmo que não exista uma afirmação clara da participação humana, ao menos alguns textos apresentam pressupostos para tal afirmação. Por exemplo:

- No prólogo do Livro do Eclesiástico, o autor afirma que se esforçou para compor seu livro e pede desculpas pelas eventuais imperfeições: "*... se, apesar de todo o nosso cuidado na interpretação, pode ser que não tenhamos reproduzido o sentido exato de algumas expressões*"; *... dediquei ao trabalho muitas vigílias e muita ciência, para levar a bom termo o esforço e publicar o volume*".
- 2Mc 2,26: "*Para nós que empreendemos o árduo trabalho de resumir, a tarefa* não foi fácil, *mas custou suor e vigílias*".
- Lc 1,3: "*Depois de acurada investigação de tudo desde o início...*".

O pensamento rabínico

A tradição rabínica com a doutrina da preexistência da Sagrada Escritura, dada depois aos homens por Deus, sempre considerou o homem como um simples canal.

Filão de Alexandria desenvolveu a teoria mântica da inspiração afirmando que o autor humano, ou profeta como ele diz, quando possuído por Deus, perdia a consciência e se abandonava ao Espírito Divino que agia sobre suas faculdades.

O pensamento cristão

A teoria de Filão teve alguns seguidores no meio cristão. Por exemplo: Atenágoras afirmava que os profetas, quando movidos pelo Espírito Santo, perdiam o uso da razão, e o Espírito Santo se servia deles como um flautista se serve de sua flauta para executar a música.

Mas a maioria dos autores cristãos rejeitou a teoria mântica da inspiração. Assim, Orígenes afirma que sob a força da inspiração os hagiógrafos (autores sagrados) não perderam a livre-faculdade de querer, mas compreenderam mais claramente a verdade divina (*Contra Celso* 7.3-4). Cirilo de Jerusalém e Santo Agostinho vão mais longe afirmando a criação ativa dos autores humanos.

Mas de modo geral a Patrística dedicou pouca atenção ao papel dos autores humanos, a não ser para negar a teoria mântica, ou seja, a perda da consciência dos hagiógrafos. Muitos se limitaram a repetir as afirmações da Sagrada Escritura. Porém, convém notar que todos falaram de autores humanos. Esta expressão indica que eles consideravam os escritores dos livros sagrados como verdadeiros autores, isto é, como causa eficiente de uma obra literária.

Na Idade Média a teologia deu mais importância à origem divina da Bíblia e quase não se falou de seu autor humano. Nos séculos XIX e XX, os estudos linguísticos da Bíblia e a descoberta das edições sucessivas de muitos livros contribuíram para mostrar que os livros da Bíblia possuem uma verdadeira história humana; que os homens escreveram os livros bíblicos e fizeram tudo o que um autor literário faz para produzir sua obra.

Assim, o pensamento contemporâneo vê a Bíblia como verdadeira Palavra de Deus expressa em palavras que são o produto da capacidade humana, como se dois artistas tivessem composto uma mesma obra.

Ainda que a ação humana na origem da Bíblia deva ser considerada causa na composição da Bíblia, essa causalidade humana difere da causalidade divina em extensão, além de outros aspectos. Pois Deus é o autor de toda a Bíblia, enquanto o homem é autor somente de uma parte, o livro que ele escreveu. Mas, como cada livro da Bíblia, embora possua um valor em si, deve ser compreendido no conjunto, na totalidade da obra, podemos dizer que o autor humano escreveu apenas uma parte da Sagrada Escritura, mas essa parte influencia sua totalidade.

Daí resulta a necessidade do estudo do ambiente, do pensamento e da linguagem dos vários autores humanos para conhecer exatamente o que quiseram escrever, visto que a Palavra de Deus se encarnou nas palavras humanas.

Esses dois autores, Deus e o homem, não podem ser colocados no mesmo nível. É o que podemos deduzir do texto da 1Pd 1,21 na qual se afirma que o autor humano é impelido pelo Espírito Santo. Santo Tomás afirmou que "o autor principal da Sagrada Escritura é o Espírito Santo; o homem é o autor instrumental".

2 A NATUREZA DA INSPIRAÇÃO

Para o Novo Testamento a inspiração é um influxo de Deus sobre o autor que escreve, de modo que o escrito seja considerado, em primeiro lugar, do próprio Deus.

Surgiram vários modos de explicar a inspiração.

2.1 Explicações que exageram a participação divina

- **A teoria do ditado**

Segundo essa teoria, Deus teria comunicado ao autor humano não só as ideias, mas também as palavras ou expressões verbais da Escritura. Assim a parte humana se restringia a uma mera receptividade consciente da mensagem divina e a transcrição exata do que recebeu em sua mente.

Domenico Bañez afirmava que "Deus ditou ou sugeriu" as palavras da Escritura. Assim como o homem que lê um livro não compõe as suas palavras, mas lê o que foi escrito, assim o autor humano lê as palavras da Escritura que o Espírito Santo põe na sua consciência. Ele negou que as palavras e a composição das frases fossem deixadas à livre iniciativa humana, afirmando que as diferenças de linguagem e estilo são explicadas com o fato que Deus ditava a cada autor as palavras que melhor se adaptavam à sua compreensão.

Essa explicação tornou-se comum até ser definitivamente abandonada no final do século XIX.

2.2 Explicações que exageram a participação humana

- **Teoria da aprovação sucessiva**

Mais ou menos na mesma época de Domenico Bañez, o dominicano Sisto de Siena (+1569) lançou a hipótese de que um livro da Escritura não perderia sua credibilidade se fosse descoberto que ele era unicamente produto do esforço humano e teria recebido posteriormente a aprovação eclesiástica.

Alguns anos mais tarde o jesuíta Leonardo Lessio (+1623) e seu discípulo Tiago Bonfrére (+1642) apoiaram e modificaram a teoria de Sisto de Siena.

Lessio sustentava que se um livro (p. ex. 2Mc) tivesse sido escrito com meios puramente humanos e em seguida fosse aprovado pelo Espírito Santo, tal livro deveria ser considerado inspirado.

Mais tarde, Lessio negou que algum livro da Bíblia tivesse sido escrito nessas condições, mas sempre sustentou suas ideias sobre a inspiração.

Mais tarde, o beneditino Daniel Haneberg, bispo de Spira, aplicou essa teoria às partes narrativas da Bíblia e sustentou que as narrações do Antigo e do Novo Testamento foram inspiradas desse modo.

Quando o Concílio Vaticano I negou essa teoria da inspiração, Haneberg se retratou.

Segundo essa teoria, a intervenção divina acontece quando o texto já está escrito e não durante sua composição.

O Concílio Vaticano I afirmou que os livros da Bíblia são inspirados "não porque foram compostos só com o esforço humano, e foram aprovados depois pela autoridade da Igreja como sendo divinos".

- **Teoria da assistência negativa**

Tiago Bonfrére afirmou ainda que algumas partes dos Livros Históricos foram escritos somente sob a assistência negativa do Espírito Santo que impediu o autor humano de cair em erros.

No início do século XIX a teoria de Bonfrére foi estendida à toda a Bíblia. A inspiração se limitava a preservar de erros os autores dos livros da Bíblia.

O Concílio Vaticano I condenou essa teoria afirmando que os livros sagrados são inspirados e canônicos não porque contém a revelação sem erros, nem porque foram escritos com o esforço meramente humano e depois aprovados pelo Espírito Santo, mas porque possuem Deus como autor.

O papa Leão XIII na Encíclica *Providentissimus Deus* especifica que Deus não seria o autor da Bíblia se não tivesse influenciado a inteligência, a vontade e a capacidade literária do autor humano.

- **Teoria da inspiração formal**

Querendo explicar a frase "Deus é o autor da Bíblia", o cardeal Franzelin sustentava que Deus pode ser verdadeiramente considerado autor da Bíblia, mesmo se a inspiração influenciasse apenas o que se refere ao conteúdo, isto é, à mensagem, deixando a composição do texto inteiramente ao talento e à capacidade dos escritores humanos.

Essa teoria, a princípio, foi bem aceita, mas logo foi abandonada porque fazia uma divisão artificial entre o pensamento e a linguagem na produção de obras literárias.

- **Teoria da causa instrumental**

Santo Tomás de Aquino não falou expressamente da inspiração, mas se referiu ao carisma da profecia. Seus princípios foram assumidos na Encíclica *Providentissimus Deus* e são aceitos ainda hoje por grande parte dos teólogos.

Ele explicou a inspiração com a teoria da causa instrumental: o Espírito Santo é o autor principal da Sagrada Escritura e o homem é o autor instrumental.

O homem é o instrumento de Deus na composição do texto bíblico.

Tomemos um exemplo: para compor um belo quadro, o pintor se serve de seus pincéis e de várias tintas. O pincel foi feito para pintar, mas só fará isso sob a ação do pintor. Assim, o quadro será o resultado da ação do pintor, de seus pincéis e tintas.

Do mesmo modo, Deus serviu-se do homem para compor o texto bíblico. O autor cristão, Atenágoras, usou a imagem da flauta. A música é produzida pela flauta somente quando o músico se serve de seu sopro.

A Bíblia é o resultado do sopro do Espírito Santo e da ação do homem.

Aplicação da teoria à Bíblia

Na inspiração existe dois agentes: Deus, que é a causa principal, e o homem que é a causa instrumental. Deus age sobre o autor humano conferindo-lhe as luzes divinas para escrever o texto. O homem possui uma dupla ação: uma comum a qualquer outro autor humano e uma divina que o torna instrumento de Deus na composição de um livro da Bíblia. Ele exerce a primeira ação conscientemente, mas não tem consciência de ser um instrumento divino na ação de escrever determinado texto.

O livro que resulta dessa cooperação entre Deus e o homem é atribuído inteiramente a Deus e ao homem. Porém, é atribuído a Deus como causa principal e ao homem como causa instrumental.

Podemos encontrar na Bíblia traços dos dois agentes: sendo Deus o agente principal, a Bíblia é essencialmente um livro divino, não só no seu conteúdo, mas por sua origem divina. Por isso a Bíblia é isenta de erros. Mas, podemos descobrir traços da ação do instrumento, o homem: sua cultura, desejos, escolhas, entre outros. A ação do autor humano é sempre transitória, isto é, cessa quando o livro for concluído.

> *Qual é o efeito da inspiração nas faculdades criativas do hagiógrafo?*

Ao afirmar que Deus é a causa principal e o homem a causa instrumental, não significa que o homem seja um instrumento passivo nas mãos divinas. O autor humano não é um simples pincel ou flauta. Embora instrumento, ele possui uma atividade real: ele pensa, sente, escolhe, deseja, imagina...

O papa Leão XIII declarou na Encíclica *Providentissimus Deus* que o influxo da inspiração se estende ao intelecto, à vontade e às capacidades do escritor implicadas na concepção e redação do Livro Sagrado. Vejamos:

- **Influxo sobre o intelecto**

  Deus ilumina o intelecto do autor humano para que ele possa julgar com certeza a verdade das ideias que vai escrever. Não apenas as ideias, mas também a forma literária (palavras, expressões verbais...) também está sob a ação inspiradora de Deus. Com isso não se nega a liberdade do homem na escolha das palavras. Mas se afirma que essa livre-escolha não está isenta da ação inspiradora de Deus.

  O autor humano não desempenha sua ação de causa instrumental somente sob o influxo da causa principal. Ele age também com sua própria ação. E é graças a essa ação própria que podemos explicar as diferenças de linguagem e estilo entre os hagiógrafos ao referir a mesma ideia.

  No caso de o homem ter se servido de notícias orais ou escritas por terceiros, a inspiração desempenha o mesmo papel: na escolha das ideias a serem transmitidas e no modo de fazê-lo. Por exemplo: o autor dos livros dos Reis se serviu de documentos escritos anteriormente: Livro dos atos de Salomão (1Rs 11,41); Livro dos anais dos reis de Judá (1Rs 14,29); Livro dos anais dos reis de Israel (1Rs 14,19).

  O papa Pio XII na Encíclica *Humani Generis* diz que também no trabalho de escolher as fontes, os autores humanos "foram ajudados pelo sopro da divina inspiração".

- **Influxo sobre a vontade**

  Bento XV na Encíclica *Spiritus Paraclitus* afirmou: "Deus move a vontade e a impele a escrever". Essa moção é necessária para que Deus seja de fato o autor do livro inspirado. Para ser autor não basta ter ideias, é necessário escrevê-las. Assim, é necessário que Deus inspire também a vontade do homem. Se o homem decidir escrever por si mesmo, Deus terá tão somente inspirado as ideias, e não será o autor do livro.

- **Influxo sobre as faculdades executivas do hagiógrafo**

  Na composição de um livro concorrem faculdades físicas (sistema nervoso...) e psicológicas (memória, fantasia...). Também essas faculdades devem estar sob a moção de Deus como causa principal. E deve ser contínua até o término do livro.

  Esse tríplice influxo divino da inspiração é transitório. Cessa uma vez atingido o objetivo, ou seja, a composição do livro, ou do texto. Não se requer que o homem esteja consciente de ser inspirado.

3 A EXTENSÃO DA INSPIRAÇÃO

A crítica literária moderna demonstrou que muitos livros da Bíblia não são obra de um único autor humano, mas de vários. Inclusive muitos são frutos das muitas tradições que surgiram em Israel ao longo dos tempos.

Qual desses autores foi inspirado? Qual o texto inspirado? O autógrafo? As cópias? As traduções?

Os autores

Qual dos vários autores deve ser considerado inspirado?

A inspiração atingiu todos aqueles que contribuíram positiva e criativamente na composição do livro bíblico.

Convém ressaltar que a contribuição para uma obra pode ser de dois modos: material, por exemplo, a pessoa que preparou a tela para a pintura, ou o que cortou o bloco de mármore para a escultura, ou ainda que criou a ovelha ou a cabra de cujo couro foi feito o pergaminho; e a contribuição que influi no projeto da obra, por exemplo, um pintor que executa uma parte da tela sob a guia de um grande mestre, quem faz a correção de um texto etc.

Também na composição da Bíblia encontramos contribuições materiais. Por exemplo as tradições contidas em Gn 1-11 são consideradas contribuição material, pois foram remodeladas e transformadas completamente.

Tais contribuições materiais não tinham necessidade de estar sob a inspiração no momento em que foram compostas.

Outras tradições como a Tradição Javista ou Eloísta ofereceram uma maior contribuição no conjunto do texto, mesmo que tenham sido modificadas. Visto que essas tradições contribuíram positiva e criativamente, podem ser consideradas como sob o influxo da inspiração.

Assim, as contribuições puramente materiais dos livros bíblicos não estiveram sob o influxo da inspiração divina, mesmo que estivessem sob um cuidado providencial de Deus. Já as contribuições criativas que influíram no projeto da obra estão sob a inspiração, mesmo que tenham existido muito tempo antes da composição final do livro.

O conteúdo

É doutrina da Igreja que a inspiração se estenda a todos os livros bíblicos. Mesmo depois que o cânon da Bíblia tinha sido definido, muitos teólogos tentaram limitar a extensão da inspiração a certas partes da Bíblia, para resolver a difícil questão dos "erros da Bíblia".

Assim, alguns autores restringiram a inspiração aos argumentos doutrinais ou às matérias de fé e moral, ou ainda apenas aos ensinamentos sobrenaturais. Porém, os documentos da Igreja nunca restringiram a ação da inspiração.

O Concílio de Trento, e depois o Concílio Vaticano I, declararam que os livros da Bíblia com todas as suas partes são considerados sagrados e canônicos, portanto, inspirados.

O papa Leão XIII na Encíclica *Providentissimus Deus* afirmou que é errôneo restringir a inspiração a algumas partes da Escritura ou só a matérias de fé e moral.

O mesmo ensinamento encontramos nas Encíclicas *Spiritus Paráclitus* (Bento XV) e na *Divino Afflante Spiritus* (Pio XII).

Portanto, a Igreja professa que a inspiração se estende ao inteiro conteúdo da Sagrada Escritura.

As palavras

As palavras e expressões verbais foram escolhidas sob a inspiração ou são o resultado da livre-escolha do escritor humano?

Alguns autores sustentavam que a escolha das palavras e expressões verbais foi deixada à livre-iniciativa do escritor humano, uma vez que o papel de Deus era limitado a uma assistência negativa, para impedir que o autor humano ensinasse coisas contrárias à verdade e à santidade de Deus. Assim, a inspiração estaria limitada apenas às ideias, aos conceitos e não às palavras.

Porém a Igreja ensina que não só os pensamentos, mas também as palavras são inspiradas. Não primariamente em si mesmas, mas em vista das ideias que exprimem.

De fato, na composição de uma obra literária, pensamentos e palavras estão intimamente unidos de modo que é impossível separá-los. Isso não significa que Deus tenha ditado cada palavra ao homem, mas que a escolha das palavras estava sob a ação da inspiração.

As traduções

O problema se coloca de modo especial à questão da inspiração da tradução grega da Bíblia, chamada tradução dos Setenta ou Septuaginta. Isso porque na Setenta foram incluídos sete livros que não estão na Bíblia hebraica. E em alguns lugares o texto não foi traduzido literalmente, mas modificado. Ainda hoje a questão da inspiração da Setenta é debatida.

As razões para estender a inspiração ao texto grego são:

- Era necessária uma assistência especial de Deus na composição da tradução dos Setenta, pois se tratava da primeira tentativa de traduzir em uma língua ocidental e como tal era uma preparação para a composição do Novo Testamento que foi escrito em grego.
- A Setenta não é uma simples tradução, mas apresenta um progresso e evolução na mensagem em relação ao texto hebraico.
- O Novo Testamento cita com frequência o texto da Setenta. É na Setenta que se apoiam muitas doutrinas cristãs. Por exemplo: a virgindade de Maria.
- Todas as Igrejas dos primeiros séculos aceitaram a tradução da Setenta como Palavra de Deus, portanto, inspirada.

Mas há aqueles que negam a inspiração da Setenta. Afirmam que essa crença se baseia em uma lenda (a carta de Aristeias). Porém, essa lenda pode ter sido o meio usado para exprimir a convicção da sua inspiração. Outro argumento usado é que muitas palavras e mesmos frases do texto hebraico foram modificados no texto grego. Mas muitas vezes a mudança de palavras ou expressões demonstra um progresso na revelação. Em todo o caso, a inspiração da Setenta ainda está longe de ser aceita unanimemente.

4 OS EFEITOS DA INSPIRAÇÃO

Na realidade o grande efeito da inspiração é a própria Bíblia. No entanto podemos considerar vários aspectos:

- A Bíblia é REVELAÇÃO – Revelação deve ser entendida como automanifestação de Deus e não como comunicação de um conjunto de doutrinas. É comunicação de alguém e não de alguma coisa. Pela leitura da Bíblia Deus se revela a cada um de nós.
- A Bíblia NÃO CONTÉM ERROS em suas afirmações autênticas. Antigamente se falava de INERRÂNCIA bíblica, isto é, ausência de erros. Ora, na Bíblia encontramos vários dados que em outros livros seriam considerados errados.

As afirmações da Bíblia que apresentam mais dificuldades podem ser catalogadas em quatro grupos:

- Contradições: por exemplo na descrição do dilúvio: Gn 7,17 afirma que ele durou 40 dias; mas em Gn 7,24 se fala em 150 dias.
- Erros de ciências naturais: a terra é apresentada como plana e não redonda; se sugere que o sol gira em torno da terra.
- Erros de história: como no Livro de Judite.
- Erros morais: ex.: Js 11,14-15 – A morte de todo um grupo de pessoas como sendo ordem divina.

Já a Tradição rabínica tinha percebido esses erros e assegurava que uma das bênçãos do retorno de Elias, no fim dos tempos, seria a de explicar essas discordâncias. Os primeiros escritores sagrados recorreram ao sentido alegórico para solucionar o problema. Mas foi na época moderna que o problema se tornou maior. As novas descobertas das ciências mostraram a visão simplista e errada da Bíblia em certos aspectos. O exemplo clássico é a descoberta do heliocentrismo por Galileu. As descobertas de muitos documentos mostraram que os dados de história e geografia da Bíblia não correspondem à realidade.

Esses erros se devem às imperfeições do homem como instrumento de Deus. Cada autor humano era filho do seu tempo e de sua cultura e escreveu com o conhecimento que possuía. O texto bíblico reflete a cultura e o estilo do autor humano. Os erros de história, geografia, ciências e outros se devem à limitação dos autores humanos.

A partir do Concílio Vaticano II a igreja prefere falar de VERDADE BÍBLICA e não de ausência de erros (DV 11). Para se entender bem essa afirmação é necessário notar alguns pontos:

- A verdade bíblica se aplica ao texto original e às cópias que hoje possuímos à medida que essas refletem o texto autógrafo, ou seja, redigido pelo próprio autor.
- A verdade bíblica deve ser procurada na Bíblia como um todo. Não se pode determinar a verdade da Bíblia tendo por base um livro, capítulo ou versículo.
- Essa verdade não deve ser procurada em qualquer parte, mas somente naqueles textos nos quais Deus intenciona comunicá-la.
- Para descobrir essa verdade é essencial ter presente a intenção do autor, o gênero literário usado. Por exemplo: o Livro de Jonas. Ora, muitas vezes será importante investigar toda a obra do autor para descobrir sua intenção.
- É preciso distinguir entre ignorância e erro. O erro supõe o conhecimento da verdade, e a afirmação contrária intencionalmente. Já a ignorância supõe o desconhecimento total ou parcial do fato narrado ou ensinado. Há muitas afirmações na Bíblia que revelam a ignorância do autor e não a intenção de ensinar o errado. Por exemplo: se a terra é plana ou redonda; se as águas do dilúvio cobriram também o pico do Himalaia, o mais alto da terra.
- A *Dei Verbum* afirma: "*A Escritura ensina fielmente e sem erro a verdade que para nossa salvação Deus quis que fosse escrita*". Portanto, a verdade que a Bíblia ensina é uma verdade religiosa, importante para a nossa salvação. Não devemos procurar nela outras verdades. A Bíblia não é um manual de História, ou de Ciências Naturais ou de Psicologia. Tudo o que for importante para a nossa salvação é imune de erros, porque revelado pelo próprio Deus.

V

O CÂNON BÍBLICO

1

CONCEITO

CÂNON deriva da palavra grega KANON que, por sua vez é um empréstimo do termo semita KANEH que significa em primeiro lugar cana e, por extensão, qualquer bastão reto e longo.

Como os antigos usavam a cana como medida, a palavra logo assumiu o significado de medida e também de regra, norma, modelo.

Assim, o termo foi usado para se referir a um padrão ou norma na arquitetura, na escultura, na música, na poesia, na filosofia e também na religião. Os gregos por exemplo só adoravam um número fixo de deuses, aqueles citados por Homero na Ilíada e na Odisseia.

Cânon foi também usado com o sentido de lista, elenco, catálogo. No uso eclesiástico a partir da metade do século II, a palavra foi usada como "regra da fé" para indicar a doutrina que deve ser aceita por todos os cristãos.

A partir do século IV a palavra "cânon" foi usada para designar as normas emanadas pelos sínodos em contraposição com as leis ditadas pelos imperadores. E desde o século XII se usa a expressão "Direito Canônico" para indicar as leis da Igreja, em contraposição ao "Direito Civil".

São Gregório Magno cunhou a expressão "cânon da missa" para indicar a norma a ser usada na consagração.

Falamos também em "canonização" ou "canonizar" um santo/santa, ou seja, inscrever seu nome no Cânon dos Santos da Igreja.

O CÂNON BÍBLICO é o catálogo/lista oficial dos livros inspirados, que por serem de origem divina constituem a regra de fé e dos costumes da Igreja.

A palavra foi aplicada à Bíblia desde o século III. Por exemplo: Orígenes afirma que certo livro (Assunção de Moisés) não está no cânon (In: Ios. hom. 2,1); Santo Atanásio diz que pastor de Hermas não pertence ao cânon (Decr. Nic. syn. 18).

Do substantivo CÂNON derivou o adjetivo CANÔNICO, o verbo CANONIZAR com seu particípio CANONIZADO. E finalmente do adjetivo "canônico" surgiu o termo abstrato CANONICIDADE para indicar a qualidade que constitui canônico um texto.

O elenco/lista dos livros inspirados chama-se CÂNON por diversas razões:

- porque é uma determinação da Tradição e do Magistério da Igreja;
- porque serve de norma para todos os fiéis distinguirem um texto inspirado de um não inspirado;
- porque esse catálogo é a regra ou norma da fé e dos costumes, sendo escritos por inspiração do próprio Deus.

2 PROTOCANÔNICOS E DEUTEROCANÔNICOS

Para o Antigo Testamento existe dois cânones:

- O cânon alexandrino ou longo com 46 livros, presente na Bíblia católica.
- O cânon palestinense ou curto com 39 livros, presente na Bíblia hebraica e na Bíblia protestante.

Para o Novo Testamento o cânon é idêntico com 27 livros na Bíblia católica e protestante.

Tendo como ponto de partida a aceitação ou não no cânone bíblico, os livros da Bíblia são divididos entre Protocanônicos e Deuterocanônicos.

Essa nomenclatura foi usada pela primeira vez por Sisto de Siena em 1569. Essa distinção não se refere à dignidade do livro, pois todos, indistintamente são considerados inspirados, ou seja, de autoria divina. Refere-se apenas ao tempo em que foram aceitos como inspirados pela Igreja por causa de dúvidas surgidas em algumas comunidades.

Os protestantes chamam os Deuterocanônicos de Apócrifos. Para nós "Apócrifo" é um livro que não foi aceito no cânon pela Igreja. Apócrifo é um livro não inspirado.

Protocanônicos – são aqueles textos, como já mencionamos, que sempre foram considerados inspirados pelo judaísmo e pelo cristianismo.

Deuterocanônicos – são aqueles textos sobre os quais houve dúvidas, incertezas quanto à inspiração. Não foram aceitos sempre e por todos como textos inspirados. Esses livros não constam na Bíblia hebraica e protestante.

Os Livros Deuterocanônicos do Antigo Testamento são:

- Livros Históricos: Tobias, Judite, Primeiro e Segundo de Macabeus;
- Proféticos: Baruc;
- Sapienciais: Eclesiástico e Sabedoria;
- Algumas partes dos Livros Protocanônicos: Est 10,4-16,24; Dn 3,24-90; 13-14.

Os Deuterocanônicos do Novo Testamento são:

- Hebreus, Tiago, Segunda Pedro, Segunda e Terceira João, Judas e Apocalipse.

3 CRITÉRIOS DE CANONICIDADE

No judaísmo para um livro ser considerado inspirado, e, portanto, canônico, era necessário que fosse escrito por um profeta, em hebraico e em Israel. Por isso os Livros Deuterocanônicos não foram aceitos no cânon judaico ou porque foram escritos em grego, ou fora de Israel, ou quando já não havia mais profetas.

Já os cristãos olharam a prática de Jesus e dos apóstolos, o uso na liturgia e na catequese e a conformidade com a fé.

O Concílio Vaticano II afirmou que *"mediante a Tradição a Igreja conhece o cânon inteiro dos livros sagrados" (DV* 8). Isso significa que o mesmo Espírito Santo que inspirou os hagiógrafos na composição de um livro, guia a igreja no reconhecimento e aceitação desse mesmo livro. É o Espírito Santo que ilumina a Igreja no reconhecimento dos livros inspirados ou não.

Todo livro canônico é inspirado. Porém, é importante notar a diferença entre os termos:

- **Inspiração** – indica a ação divina no hagiógrafo para a composição de um texto que, portanto, terá como autor Deus e o hagiógrafo.
- **Canonicidade** – é o ato pelo qual a Igreja reconhece a origem divina de um texto e o apresenta como norma de fé e de moral.

Enquanto a inspiração é de iniciativa divina, a canonicidade é uma ação da Igreja. Por consequência, a canonicidade supõe a inspiração. Não podemos chamar um livro de canônico senão depois de uma declaração da Igreja. Por exemplo: os Livros Deuterocanônicos, bem que inspirados, só foram reconhecidos canônicos quando a Igreja os aceitou no seu cânon.

Essa aceitação da parte da Igreja não precisa ser solene ou com palavras. Basta que seja só por via de fato ou praticamente.

Portanto, o critério de canonicidade é o mesmo da inspiração: a tradição apostólica da Igreja. Essa tradição apostólica se manifestou de várias formas: citações dos escritores eclesiásticos; citações bíblicas atribuídas ao próprio Deus, decisões de sínodos e concílios, leitura na liturgia.

4 DECLARAÇÕES DO MAGISTÉRIO

Existe duas espécies de decisões sobre o cânon:

- as decisões particulares, tomadas em concílios provinciais ou por algum papa em uma carta privada;
- e as universais que dizem respeito a toda a Igreja.

Decisões das igrejas particulares

As primeiras decisões a respeito do cânon das Sagradas Escrituras foram tomadas em três concílios regionais do norte da África: no Concílio de Hipona em 393, no III Concílio de Cartago em 397 e no IV Concílios de Cartago em 419. Santo Agostinho participou dos dois concílios realizados em Cartago: no III como sacerdote e no IV como bispo. Em cada um destes concílios foi aprovada uma lista com os Livros Protocanônicos e Deuterocanônicos do Antigo e do Novo testamentos que coincide com aquela que o Concílio de Trento adotou muitos anos depois.

Em 405 o papa Inocêncio I (401-417) mandou a Santo Esupério, bispo de Toulouse, o cânon completo das Escrituras igual ao dos concílios africanos. Na ocasião o papa afirmou que os Livros Apócrifos deviam ser rejeitados e condenados (EB 16).

Decisões da Igreja universal

O primeiro catálogo oficial da Igreja universal foi feito no Concílio Ecumênico de Florença, aos 4 de fevereiro de 1441, durante o pontificado do papa Eugênio IV. O Concílio apresentou a lista dos livros inspirados, tanto os Protocanônicos como os Deuterocanônicos. É o mesmo cânon do III Concílio de Cartago. Não se trata de uma definição, mas de uma profissão de fé, isto é, da exposição da doutrina da Igreja.

O Concílio de Trento, na IV sessão, aos 8 de abril de 1546, com o decreto "sobre as escrituras canônicas", definiu canônicos 45 livros do Antigo Testamento (Lamentações foi considerada parte do profeta Jeremias) e 27 livros do Novo Testamento.

Trento declarou canônicos os livros “com todas as suas partes”. Assim se considerou inspirados textos como Mc 16,9-20; Lc 22,43s.; Jo 7,53-8,11 que eram questionados por alguns autores.

Enquanto os decretos precedentes se limitavam a expor a doutrina da Igreja sobre a canonicidade dos livros do Antigo Testamento e do Novo Testamento, o decreto do Concílio de Trento, ao contrário, é uma verdadeira definição dogmática e ameaça com a excomunhão quem não aceitar todos os livros com todas as suas partes como foram elencados e estão na antiga edição latina da Vulgata. O critério de canonicidade usado em Trento foi toda Tradição Eclesiástica.

Em 1870 o Concílio Vaticano I repetiu a definição do Concílio de Trento sobre a canonicidade de todos os livros do Antigo e do Novo Testamento. E como os racionalistas desse tempo negavam a inspiração senão de todos, ao menos dos Livros Deuterocanônicos, o Concílio apresentou o motivo porque todos os livros da Bíblia são inspirados e, portanto, canônicos:

> “*... porque sendo escritos por inspiração do Espírito Santo, eles têm como autor o próprio Deus e como tal foram transmitidos à Igreja*”.

O Concílio Vaticano II na Constituição Dogmática sobre a Palavra de Deus – *Dei Verbum*, repetiu a mesma doutrina de Trento e do Vaticano I:

> A Santa Mãe Igreja, segundo a fé apostólica, tem como sagrados e canônicos os livros completos tanto do Antigo como do Novo Testamento, com todas as suas partes, porque escritos sob a inspiração do Espírito Santo, eles têm Deus como autor e nesta qualidade foram confiados à mesma Igreja (DV 11).

5 O CÂNON DO ANTIGO TESTAMENTO

A Igreja herdou o cânon do Antigo Testamento dos judeus por meio de Jesus e dos apóstolos.

O cânon da Bíblia hebraica

Segundo o nosso modo de contar, a Bíblia hebraica possui 39 livros.

Porém, documentos antigos, como os apócrifos "Assunção de Moisés" e IV Livro de Esdras e também o Talmud contaram 24 livros. Flávio José elencou 22 livros.

Essas cifras reduzidas se devem à junção de alguns livros. Mas todos contêm os mesmos livros.

De 39 livros chega-se a 24 ao considerar 1Sm e 2Sm como um único livro; também 1Rs e 2Rs como um só livro e 1Cr e 2Cr como um livro (de fato esses livros originalmente formavam um único rolo) e os Doze Profetas Menores formam um só livro. Assim, diminui-se 15 livros dos 39.

A cifra de 22 livros corresponde às 22 letras do alfabeto hebraico e se obtém unindo o Livro de Rute ao Livro dos Juízes e Lamentações ao profeta Jeremias. Portanto, são os mesmos 39 livros, mas agrupados de modos diferentes.

Os judeus, como vimos anteriormente, dividem sua Bíblia em três partes:

- **TORÁ** (a Lei): Gn – Ex – Lv – Nm – Dt.
- **NEBIIM** (profetas): divididos em:
  - Profetas Anteriores: Js – Jz – 1Sm – 2Sm – 1Rs – 2Rs.
  - Profetas Posteriores: Is – Jr – Ez e os Doze Profetas
  - Menores.
- **KETUBIM** (escritos): Jó – Sl – Pr – Rt – Ecle – Ct – Lm – Est – Dn – Esd – Ne – 1Cr e 2Cr.

Essa divisão tripartida aparece em vários textos rabínicos e na própria Bíblia que menciona as duas primeiras partes de modo preciso: A Lei e os Profetas. Para a terceira parte são usados vários termos: "Os livros dos pais" (Prólogo do Eclesiástico); "os escritos de Davi" (2Mc 2,13); "os Salmos" (Lc 24,44). O Talmud denomina como "Os escritos".

A expressão "Lei e Profetas" é muitas vezes usada para indicar todo o Antigo Testamento. E algumas vezes a expressão "A Lei" não indica somente o Pentateuco, mas também todo o Antigo Testamento. Por exemplo:

- Em Jo 10,34 lemos: *Jesus lhes respondeu: "Não está escrito em vossa Lei: Eu disse: vós sois deuses?"*
  - Ora, essa citação é do Sl 82(81),6 e não do Pentateuco.
- 1Cor 14,21: *"Na Lei está escrito: 'em línguas estranhas e com lábios de estrangeiro falarei a este povo e nem assim me escutarão', diz o Senhor".* A citação é de Is 28,11-12 e não de um texto do Pentateuco.

É impossível fazer uma verdadeira história do cânon hebraico, pois nos faltam documentos antigos. Podemos apenas propor algumas linhas gerais.

A Lei (Pentateuco)

Conforme as pesquisas modernas, os primeiros códices de leis conservados no Pentateuco (Ex 20,1-17; 20,22-23,19; e outros) foram compostos entre os séculos XII e XI a.C. Já os últimos datam do século V a.C.

Três acontecimentos nos permitem traçar em linhas gerais o processo de canonização do Pentateuco:

- Moisés colocou as Tábuas da Lei dentro da Arca da Aliança por ordem divina:

  Ex 25,16.21: *"Na arca porás o documento da aliança que te darei"; "Porás o propiciatório sobre a arca, e dentro da arca o documento da aliança que te darei"*.

  O Testemunho significa as Tábuas da Lei.

  Dt 31,9-13: Depois de escrever a Lei, Moisés a entregou aos sacerdotes que deveriam lê-la a cada sete anos a todo o povo *"para que ouçam e aprendam a temer o Senhor vosso Deus e estejam sempre atentos a cumprir todas as palavras desta Lei"*.

  Portanto, a Lei era considerada sagrada, guardada na Arca da Aliança, e deveria servir para instruir as futuras gerações na vontade de Deus.

- No ano 621 a.C. durante o reinado de Josias (639-609 a.C.) foi encontrado no Templo o Livro da Lei (2Rs 22-23; 2Cr 34,8-35,19). Esse livro foi lido solenemente diante de todo o povo e o rei Josias fez uma grande reforma religiosa e política baseado no seu conteúdo. A maioria dos estudiosos reconhece no texto encontrado no templo o núcleo central do Livro do Deuteronômio.

  Portanto, no século VII a.C. ao menos ao Livro do Deuteronômio é dado um valor normativo, sagrado. Supõe-se o mesmo valor para os outros rolos (livros) da Lei à qual pertence o Deuteronômio.
- Pelo ano 444 a.C. depois do exílio, Esdras que era escriba e sacerdote leu diante do povo o "*Livro da Lei de Moisés, que o Senhor tinha prescrito a Israel*" (Esd 7,14; Ne 8,1). O povo ouviu atentamente a leitura e pediu perdão por suas transgressões e de seus pais. A Lei (Pentateuco) é considerada divina, "dada a Israel pelo Senhor". Esse Livro da Lei de Moisés é identificado com o nosso Pentateuco.

Podemos dizer que no século V a.C. o Pentateuco estava terminado e era reconhecido como norma de vida para os judeus. Considerá-lo normativo equivale a reconhecer sua canonicidade.

Os profetas

Os livros que a tradição judaica chamava de "Profetas Anteriores", a tradição cristã chama de Livros Históricos ou História Deuteronomista.

Esses livros foram chamados de Profetas Anteriores porque sua redação foi atribuída ao profeta Jeremias. Já 2Mc 2,13 atribui a Neemias a coleção de livros que se refere aos reis e aos profetas, os livros de Davi e as cartas dos reis sobre as doações sagradas.

Esses livros (Js, Jz, Sm e Rs) formam a chamada "História Deuteronomista" porque foram redigidos por autores influenciados pela teologia do Livro do Deuteronômio.

"Os Profetas Posteriores", ou simplesmente os Livros Proféticos é uma coleção mais heterogênea. Foram compostos entre 750 a.C. (Amós) e 300 a.C. (Deutero Zacarias).

Todos esses livros provavelmente estavam completos pelo ano 180 a.C. quando foi composto o Livro do Eclesiástico.

No século II a.C. toda essa coleção de textos proféticos era considerada sagrada ao lado da Lei (cf. 2Mc 15,9; o prefácio do Eclesiástico).

O Novo Testamento cita sempre a "Lei e os Profetas" (Mt 5,17; 22,40; Jo 1,45). A expressão "Lei e Profetas" equivale ao Antigo Testamento. Porém, no judaísmo dessa época havia ainda restrições sobre determinados profetas. Por exemplo, o Talmud (Shabbath 13b) faz objeções ao Livro do profeta Ezequiel por causa de aparentes contradições com a Lei.

Os escritos

É a coleção mais heterogênea do Antigo Testamento. O que os cristãos chamam de Livros Sapienciais ou Didáticos, a Tradição Judaica chamou de "Escritos" e compreende: Salmos, Provérbios. Jó, Cântico dos Cânticos, Rute, Lamentações, Eclesiastes, Ester, Daniel, Esdras, Neemias e Crônicas.

As primeiras coleções surgiram na época do rei Ezequias, no final do século VIII e início do século VII a.C. De fato, o rei Ezequias mandou recolher uma série de provérbios atribuídos ao rei Salomão (Pr 25,1) e instituiu o canto litúrgico dos salmos de Davi e de Asaf (2Cr 29,30).

Porém, a coleção mais antiga parece ser de alguns salmos compostos durante o período da monarquia. De fato, essa coleção foi também chamada de "Salmos" ou "Salmos de Davi".

O Livro do Eclesiástico conhece alguns desses escritos: os Salmos (47,8), os Provérbios (47,17), Esdras e Neemias (49,11-13).

Pelo ano 130 o Prólogo do Eclesiástico cita expressamente essa terceira parte do cânon judaico.

De tudo isso podemos concluir que a canonização dos Escritos, iniciada com Ezequias, foi se desenvolvendo pouco a pouco. É impossível determinar exatamente quando foi concluída. De modo geral podemos dizer que quando foi concluída a tradução grega da Setenta (II séc. a.C.) esses livros já eram considerados sagrados visto que foram incluídos no cânon grego.

6 A FIXAÇÃO DO CÂNON NO JUDAÍSMO

a) Critérios

É muito difícil determinar quais critérios foram usados para decidir a canonicidade de alguns livros e de outros não. Alguns autores levantaram a suposição de que certos livros foram acolhidos por seu caráter legal ou porque estavam relacionados com a Lei. Outro fator importante foi a crença de que certos livros continham a Palavra de Deus e que foram inspirados por Ele. Mas se trata de um critério difícil de ser verificado.

O uso no culto deve ter sido um fator importante no processo de canonização.

Para os rabinos um livro é inspirado se foi escrito em Israel, por um profeta e em hebraico. Por isso os Deuterocanônicos não foram aceitos no cânon judaico, mesmo que estivessem no cânon da Bíblia grega da Setenta. Alguns desses livros foram escritos em grego e não em hebraico (Sabedoria, Macabeus, Eclesiástico), ou foram compostos fora de Israel ou quando já não havia mais profetas.

b) Tempo

São propostas três possibilidades:

1ª) Esdras: se acreditava que a coleção de livros do Antigo Testamento foi completada por Esdras. O IV Livro de Esdras (apócrifo), do ano 100/200 d.C., representa Deus no ato de falar a Esdras sobre os 24 livros sagrados. Porém, se trata de uma lenda tardia e sem nenhum fundamento histórico, visto que muitos Livros Históricos foram escritos depois de Esdras (Crônicas, Esdras, Neemias e Eclesiastes).

2ª) A grande sinagoga: o cânon do Antigo Testamento teria sido fixado pelos "homens da grande sinagoga" que trabalhavam sob o impulso de Esdras. Recentemente essa hipótese foi criticada e abandonada sob a alegação de que a grande sinagoga nunca existiu. O Antigo Testamento, Filão de Alexandria, Flávio José e os apócrifos desse período não mencionam essa instituição. A primeira referência aparece na Mishná no século II d.C.

3ª) Jamnia (Jabnes): hoje é comum admitir que no início da era cristã o cânon do Antigo Testamento ainda não estava definido. E muitos sugerem que o aparecimento dos primeiros escritos cristãos tenha influenciado a fixação do cânon judaico. Isso teria acontecido por volta dos anos 90/100 na cidade de Jamnia, na qual os rabinos teriam fixado quais livros eram sagrados e quais não. Embora essa hipótese seja a mais aceita, é preciso cautela porque:

- em Jamnia existia uma importante escola rabínica fundada pelo rabi Johanan ben Zakkai e onde Gamaliel II e Eleazar ben Azariah ensinaram. Mas é difícil provar a existência de um "concílio de rabinos";
- é difícil provar que em Jamnia tenha sido feita a lista dos livros inspirados do judaísmo. De fato, os rabinos reconheceram que certos livros "sujavam as mãos", isto é, eram sagrados. Mas não sabemos quantos e quais eram esses livros.

É importante se perguntar por que no cânon judaico não constam os Livros Deuterocanônicos. Em Israel havia um único cânon? Qual deles? O curto com 39 livros ou o longo com 46 usado na tradução grega da Setenta?

A Setenta contém os Deuterocanônicos entre os Protocanônicos e não à parte como um apêndice. Alguns autores admitiram a existências de dois cânones no judaísmo, o curto e o longo. Já outros admitiram a existência de um único cânon, o longo com os Deuterocanônicos.

Sabemos que no início da era cristã havia em Jerusalém uma sinagoga chamada dos helenistas, na qual provavelmente a Bíblia era lida em grego, portanto, com o cânon longo da Setenta.

O Livro do Eclesiástico que alguns escritos rabínicos consideraram inspirados não pertence ao cânon hebraico atual.

Segundo o Talmud da Babilônia, durante a festa da dedicação do Templo (Hannuká), se lia o primeiro Livro de Macabeus que narra o fato. Existem os comentários rabínicos (midrashim) de Tobias e Judite. Todos esses indícios levam a aceitar a existência no judaísmo de um cânon com os Deuterocanônicos.

Depois do ano 70 d.C. com a destruição do Templo de Jerusalém e o fim do sacerdócio, os fariseus assumiram o papel de líderes religiosos dos judeus. Com suas ideias estreitas e muitas vezes tradicionalistas, eles fizeram um exame escrupuloso dos livros sagrados para se assegurar quais "sujavam as mãos" e quais livros deviam ser "escondidos", ou seja, não utilizados na sinagoga.

Os critérios adotados foram: antiguidade do livro; composição em hebraico e conformidade com a Lei. É certo que o fato dos cristãos adotarem a tradução grega da Setenta influenciou a decisão dos fariseus de considerar inspirados apenas os livros escritos em hebraico. Outro fator para a determinação do cânon foi o aparecimento dos primeiros escritos cristãos considerados sagrados pelos judeus convertidos ao cristianismo.

O Novo Testamento não apresenta uma lista completa dos livros do Antigo Testamento. Mas esses livros, sem nenhuma distinção, foram citados como Palavra de Deus. Das 350 citações do Antigo Testamento, 300 são tiradas da Bíblia grega dos Setenta, o que supõe que os apóstolos, e depois deles, os escritores cristãos, consideravam sagrados também os Livros Deuterocanônicos.

Logicamente nem todos os Deuterocanônicos, bem como alguns Protocanônicos, são citados no Novo Testamento. Mas a não citação não equivale a desaprovação.

Também na época patrística, o texto oficial da Igreja para o Antigo Testamento foi a versão grega da Setenta. As primeiras dúvidas sobre a canonicidade dos Deuterocanônicos aparecem entre os séculos III e V, mas eram dúvidas teóricas, visto que os mesmos autores que levantaram as dúvidas continuavam citando os livros. Nas catacumbas se encontram representações de episódios narrados nos Deuterocanônicos, como os três jovens na fornalha ardente, Daniel na cova dos leões; mas nunca se encontrou pinturas de episódios narrados nos Apócrifos.

Do século V até o Concílio de Trento houve uma certa unanimidade moral dos escritores católicos em favor dos Deuterocanônicos. Depois do Concílio de Trento nenhum autor católico ou teólogo pôs em dúvida a canonicidade dos 46 livros do Antigo Testamento.

7

O CÂNON DO NOVO TESTAMENTO

Não possuímos nenhuma declaração direta da Igreja na era apostólica sobre o caráter sagrado de todos os livros do Novo Testamento.

Há uma pequena menção a alguns livros, especificamente as cartas de Paulo, em 2Pd 3,15. Esse texto considera algumas cartas do apóstolo como Escritura.

Para os apóstolos e para os primeiros cristãos o termo Escritura indicava o Antigo Testamento ou as Escrituras hebraicas. Aliás, para os primeiros 100 anos de cristianismo (30 a 130 d.C.), a expressão Antigo Testamento é um anacronismo. Os livros da Bíblia hebraica só serão considerados Antigo Testamento quando houver uma nova coleção de livros sagrados.

Causas que determinaram a composição do Novo Testamento

O cristianismo se fundamenta em uma Pessoa, Jesus Cristo. Tudo o que Deus tem a dizer aos homens está em Jesus Cristo. E Jesus confiou a seus apóstolos a missão de pregar a chegada do Reino de Deus. Os apóstolos se tornaram o elo importante de união entre Jesus e os cristãos, pois conviveram com Ele, ouviram suas palavras e viram seus milagres. Por isso, enquanto os apóstolos estavam vivos e os cristãos eram poucos, não havia necessidade premente de escritos. A fé foi conservada oralmente.

1. A distância cronológica

Quando os apóstolos começaram a morrer, tornou-se necessária a conservação das palavras e milagres de Jesus das quais eles eram testemunhas oculares. Era preciso escrever o que os apóstolos contaram sobre Jesus.

Além disso, as exigências da catequese levaram à organização do grande material transmitido oralmente. Formaram-se então unidades temáticas compactas. Essas aos poucos foram suplantando a tradição oral.

2. A distância geográfica

Graças à ação dos apóstolos, de modo especial de Paulo, a Boa-nova de Jesus se espalhou por todo o Império Romano. As grandes distâncias entre as várias comunidades e Jerusalém provocaram o surgimento dos primeiros escritos que continham a mensagem de Jesus e a catequese dos apóstolos.

3. O surgimento de heresias

Foi necessário manter íntegra a Boa-nova de Jesus diante das interpretações errôneas que aos poucos foram surgindo no meio do cristianismo.

4. A perseguição religiosa

A perseguição contra os cristãos também ajudou na composição de textos que podiam circular entre os fiéis que muitas vezes não podiam se reunir para ouvir pessoalmente um apóstolo.

8 CRITÉRIOS DE ACEITAÇÃO E CONSERVAÇÃO

Que critérios determinaram a aceitação desses escritos como sagrados?

1. A origem apostólica real ou aparente – Esse foi um fator importante sobretudo na aceitação dos livros do Novo Testamento. Por exemplo: a canonização de Hebreus e Apocalipse foi muito discutida porque se duvidava da autoria de Paulo e João respectivamente. Hoje, a origem apostólica é entendida em sentido muito mais largo. O apóstolo pode ser a autoridade que estava na origem do livro ou na base da tradição que deu origem à obra.

2. Muitas obras do Novo Testamento foram dirigidas a determinadas comunidades cristãs – A história e a importância da citada comunidade contribuíram de modo notável na aceitação e conservação do livro.

3. Conformidade com a regra da fé – Esse também foi um fator importante. Por exemplo: as dúvidas a respeito do milenarismo causaram rejeição do apocalipse. O mesmo aconteceu com o apócrifo "Evangelho de Pedro".

Alguns livros do Novo Testamento não foram conservados por acaso?

Partindo da teologia da inspiração, o acaso não pode ter contribuído na aceitação desses textos. Deus não teria inspirado um texto e depois permitido que se perdesse. Mas essa ideia pressupõe que cada obra inspirada deve ter um valor permanente. Deus não poderia inspirar uma obra que atingiria seu objetivo em um determinado tempo e lugar?

Por isso, muitos admitem que o acaso pode ter desempenhado um papel importante na conservação de obras menos importantes. Hoje sabemos que algumas cartas de Paulo estão perdidas.

9 A COLEÇÃO DOS ESCRITOS DO NOVO TESTAMENTO

Os primeiros textos do Novo Testamento a serem escritos foram as Cartas de Paulo. Todas elas são anteriores ao primeiro evangelho, o Evangelho de Marcos.

A Carta mais antiga é a Primeira Tessalonicenses, escrita provavelmente em 50/51 d.C.

As grandes cartas: Gálatas, Primeira e Segunda Coríntios e Romanos foram escritas entre os anos 55 e 60. No mesmo período foram escritas aos Filipenses e Filêmon.

As cartas aos Efésios, Colossenses, Segunda Tessalonicenses e as Pastorais são chamadas Deuteropaulinas, porque a autoria paulina é muito discutida.

É difícil dizer como as Cartas de Paulo, que foram escritas em datas e lugares diferentes e para comunidades diversas e ainda com objetivos diversos, chegaram a formar uma coleção. É certo que o próprio apóstolo Paulo recomendava a troca de cartas entres as comunidades vizinhas. É o que deduzimos de Cl 4,16 onde o apóstolo pede que a carta dirigida a Colossos seja lida na vizinha cidade de Laodiceia e vice-versa.

A autoridade de Paulo como fundador dessas comunidades deve ter contribuído para a rápida difusão de suas cartas entre os cristãos. O autor da Segunda Carta de Pedro conheceu uma coleção de Cartas de Paulo (cf. 2Pd 3,15). Porém não sabemos quantas e quais cartas ele conheceu. Outra questão é saber quem e onde foi produzida essa coleção.

A coleção das Cartas de Paulo é atribuída a Timóteo e também a Onésimo. Mas não há nenhum dado que possa fundamentar essa afirmação.

Quanto ao lugar se propõe a cidade de Éfeso. Mas aqui também não há como comprovar.

Quando foi feita a coleção?

Muitos pensam que essa reunião dos escritos de Paulo aconteceu depois da composição dos Atos dos Apóstolos, pois Lucas que era amigo de Paulo parece não ter conhecido uma coleção de cartas ao escrever os Atos.

Mas encontramos citações das Cartas de Paulo nos escritores antigos: Clemente Romano (96) e Inácio de Antioquia (110). Mas isso não prova que eles conhecessem todas as Cartas de Paulo.

É provável que no final do século I já existia uma coleção de cartas paulinas. Na metade do século II, o herege Marcião possuía uma lista com dez cartas de Paulo (faltavam as Pastorais). Já o cânon de Muratori, do ano 200 aproximadamente, contém uma lista de 13 Cartas de Paulo (Hebreus é considerada paulina).

Quanto aos Evangelhos, eles foram escritos entre os anos 67 e 100. Porém já antes de Marcos redigir o primeiro Evangelho, existiam coleções de ensinamentos de Jesus (milagres, parábolas, ditos) que eram utilizados pelas comunidades cristãs. O Evangelho mais antigo é o de Marcos (aprox. 67) seguido por Mateus e Lucas (80 a 90) e finalmente o de João por volta de 95/100.

Por que a Igreja conservou os quatro Evangelhos e não apenas um deles?

Provavelmente porque provinham dos apóstolos ou de seus discípulos: os evangelistas Mateus e João foram identificados com apóstolos do mesmo nome; Marcos foi o intérprete de Pedro em Roma e Lucas pertenceu ao grupo missionário de Paulo. No entanto, ao lado dos quatro evangelhos canônicos sobreviveram na Igreja por algum tempo também alguns evangelhos apócrifos.

Parece certo afirmar que na segunda metade do século II os textos de Marcos, Mateus, Lucas e João conquistaram sua posição definitiva. Os fatores que determinaram essa posição foram, além da origem apostólica, o uso litúrgico e o combate às heresias que se serviam dos apócrifos.

São Justino afirma que no século II, na Fração do Pão eram lidas as "memórias dos apóstolos". Provavelmente ele se referia aos evangelhos. Na mesma época o herege Marcião aceitou apenas o Evangelho de Lucas na sua comunidade. Isso pode ter contribuído para que a Igreja aceitasse os quatro evangelhos.

Quanto aos Atos dos Apóstolos, provavelmente foi escrito junto com o Evangelho de Lucas pelos anos 80. Os dois livros parecem que a princípio formavam uma única grande obra em duas partes ou volumes. Não sabemos quando aconteceu a separação. Na Igreja primitiva circularam muitos atos apócrifos atribuídos a Paulo, Pedro ou a outros apóstolos. No século II os Atos dos Apóstolos já era considerado canônico.

O Apocalipse teve muita dificuldade para ser aceito por todas as comunidades cristãs. A razão foi a difícil identificação do seu autor: trata-se do apóstolo João ou de um outro presbítero João? Também a heresia do milenarismo contribuiu para a sua rejeição. Apareceram também muitos outros apocalipses atribuídos a vários apóstolos e mesmo a personagem do Antigo Testamento. Esses são considerados Apócrifos.

A Carta aos Hebreus foi aceita por algumas comunidades e rejeitada por outras. A dificuldade era a sua paternidade: era do apóstolo Paulo ou não. Ainda hoje a sua autoria é bastante discutida. Mas é unânime a afirmação de que Hebreus não é paulina.

São Jerônimo e Santo Agostinho influenciaram bastante na canonização de hebreus.

A Primeira Carta de Pedro parece ser uma homilia batismal transformada em carta. A atribuição petrina é normalmente aceita. O próprio autor afirma que se serviu de Silvano para redigir o texto. Já a Segunda Carta de Pedro apresenta um problema mais difícil. O uso de uma linguagem mais teológica e a referência a uma coleção de cartas de Paulo (2Pd 3,15) sugere uma data bem posterior. Certamente a carta é pseudônima e foi escrita entre 100 e 120.

A Carta de Tiago é muito difícil de datar. A qual Tiago se deve atribuir a carta? Jesus teve dois apóstolos com esse nome: Tiago de Zebedeu que morreu martirizado no ano 62 e Tiago de Alfeu, chamado Tiago menor. Há ainda o Tiago "irmão do Senhor" (primo de Jesus) que dirigiu a Igreja de Jerusalém. Hoje, a carta é considerada pseudônima e não sabemos quando foi aceita no cânon.

A Carta de Judas é atribuída por muitos ao apóstolo Judas Tadeu. Outros atribuem a Judas, "irmão de Jesus" (= primo). Foi escrita antes da Segunda Carta de Pedro, pois essa última depende dela.

Finalmente das três cartas de João, somente a primeira é atribuída ao apóstolo. As outras são consideradas pseudônimas e de difícil datação.

Concluindo

Sabemos que pelo ano 200 os evangelhos (Mt, Mc, Lc e Jo), as Cartas de Paulo, os Atos dos Apóstolos, a Primeira Carta de Pedro e a Primeira Carta de João eram aceitos por todas as comunidades cristãs. No final do século IV já existia na Igreja latina e na Igreja grega um cânon neotestamentário com 27 livros.

Outra questão é saber quando esses livros foram equiparados aos do Antigo Testamento. A 2Pd 3,16 considera as Cartas de Paulo no mesmo nível das "Escrituras". Justino afirma que na metade do século II os evangelhos e os escritos dos apóstolos eram lidos na liturgia ao lado dos livros do Antigo Testamento. O herege Marcião rejeitou todo o Antigo Testamento e aceitou na sua Igreja apenas o Evangelho de Lucas e as Cartas de Paulo. Talvez isso tenha ajudado a Igreja a considerar os escritos neotestamentários uma unidade com os livros do Antigo Testamento. Foi Tertuliano quem, pelo ano 200, usou pela primeira vez a expressão "Novo Testamento" para indicar os livros escritos depois de Cristo.

VI

HERMENÊUTICA

HERMENÊUTICA é um conceito muito discutido. Etimologicamente vem do verbo grego "HERMENEUEIN" que significa traduzir, explicar, declarar. A raiz da palavra parece referir-se ao deus Hermes (Mercúrio), o arauto dos deuses, porta-voz de Zeus (Júpiter), pai de todos os deuses. O substantivo "hermeneia" era usado em sentido muito amplo:

- A interpretação do pensamento por meio das palavras. O termo era importante para interpretar a vontade divina com palavras humanas.
- A tradução de uma linguagem desconhecida para outra conhecida. É o que o apóstolo Paulo chamou de "interpretação das línguas" (1Cor 12,10).
- Comentário ou explicação de um texto.

A hermenêutica era entendida como a ciência ou a arte de interpretar textos religiosos ou jurídicos. Muitos manuais de Introdução à Sagrada Escritura, sobretudo anteriores ao Concílio Vaticano II, definiram a hermenêutica como o conjunto de princípios e regras de interpretação da Bíblia. A partir do século XVIII e inícios do século XIX a hermenêutica passou a ser uma disciplina filosófica. A paternidade dessa hermenêutica moderna é comumente atribuída a Friedrich Daniel Ernst Schleiermacher (1768-1834), professor de Teologia em Berlim.

Porém, a hermenêutica como arte e ciência de interpretar a Palavra de Deus é tão antiga quanto a própria Bíblia.

EXEGESE provém do grego "exegeomai" que significa conduzir para fora, tirar de, desenvolver, explicar.

Durante muito tempo foi entendida como sinônimo de hermenêutica.

As duas palavras foram traduzidas para o latim como INTERPRETARE = interpretar. Podemos dizer que:

- Hermenêutica é a disciplina teórica que ensina as regras de interpretação do texto.
- Exegese é a aplicação prática dessas regras.

Mas não basta descobrir o sentido do texto bíblico. É preciso saber qual a sua relação com o tempo presente. Portanto, é necessária a ATUALIZAÇÃO do texto.

A atualização é o "hoje" do texto. Na Sagrada Escritura "o Pai que está nos céus se dirige com amor a seus filhos e fala com eles" (DV 21).

LEITURA DO TEXTO

A interpretação de um texto começa com sua leitura.

Sabemos ler a Palavra de Deus? Deixamos o texto nos conduzir ou lhe impomos um direcionamento? Lemos, ou buscamos respostas a questões previamente estabelecidas?

Não podemos nos esquecer de que a Bíblia é um livro vivo. Vivo, porque cada texto possui uma longa história comparada a uma biografia. Vivo, porque com ela conversamos com nosso Deus que continua falando conosco. Existem vários métodos de leitura bíblica. Expomos aqui os três principais:

- **Leitura contínua:** podemos ler a Bíblia começando pelo Livro de Gênesis e concluindo com o apocalipse. Esse tipo de leitura possibilita um completo conhecimento da História da Salvação. Porém, tem a desvantagem de ser uma leitura demorada e, às vezes, árida.

- **Leitura cristológica:** começar a leitura pelo Novo Testamento, especialmente pelos evangelhos. Conhecer bem Jesus e à sua luz. Ler os demais livros do Novo Testamento e depois os do Antigo Testamento.

  Santo Agostinho dizia que o Novo Testamento está escondido no Antigo Testamento e que o Antigo Testamento está presente no Novo Testamento. A desvantagem desse modo de ler é o fato de abordar a realização antes da promessa.

- **Leitura sincronizada:** ou seja, ler ao mesmo tempo o Antigo e o Novo Testamento. É o que faz a liturgia da Igreja nas missas semanais. Para fazer esse tipo de leitura podem-se usar as citações bíblicas das missas (calendários litúrgicos, agendas bíblicas...).

  O problema é que na maioria das vezes os textos do Antigo Testamento não correspondem aos do Novo Testamento. Mas há uma leitura contínua tanto do Antigo como do Novo Testamento.

Independentemente do método adotado, a leitura depende também da intenção com que se aborda o texto sagrado. Os rabinos afirmavam que a Escritura tem "setenta portas", isto é, muitos modos de ler e interpretar. Podemos agrupá-los em cinco níveis de leitura:

1ª) ORAÇÃO – é a intenção mais espontânea e básica da nossa leitura. O modo mais antigo dessa leitura é a "Leitura Orante da Bíblia" (leitura, meditação, contemplação, oração).

2ª) LITURGIA – a liturgia não celebra temas, mas acontecimentos. Deus se revela nos acontecimentos da história. Os textos usados na liturgia nos remetem aos acontecimentos celebrados.

3ª) CATEQUESE – o texto da Bíblia é usado para transmitir e fortalecer a fé.

4ª) TEOLOGIA – o objetivo desse nível de leitura não é formar a fé, mas articular uma reflexão mais profunda da fé tendo como base o livro sagrado.

5ª) EXEGESE – trata-se de compreender o texto bíblico em si mesmo: sua forma literária, a intenção do autor, os destinatários do texto... Para esse tipo de leitura são necessários os métodos de análise do texto.

Convém notar que o texto bíblico é o mesmo. O que muda é a intenção de quem lê. Não existe um texto só para a oração, outro para a catequese ou para a liturgia. O texto é único. Somos nós, os leitores, que optamos por um ou outro direcionamento.

As conclusões a que chegamos a um nível de leitura não são necessariamente as mesmas do outro nível. Por exemplo: na exegese falamos de Adão e Eva de um modo; na teologia de outro; e na catequese de outro modo. Cada nível tem suas possibilidades e limites.

Sendo a Bíblia um livro divino e humano, deve ser interpretada segundo as regras da interpretação crítica e científica, comum a qualquer livro humano, e com as regras da interpretação teológica, que leva em consideração a fé.

1 INTERPRETAÇÃO CRÍTICA

Para facilitar, dividimos o estudo da interpretação crítica em três partes:

- *Crítica Textual* – que procura restabelecer o texto bíblico o mais original possível.
- *Crítica Literária* – que determina o gênero literário e o sentido do texto.
- *Crítica Histórica* – procura colocar o texto no seu contexto histórico.

1.1 A crítica do texto

O interessante seria ler o texto sagrado na sua língua original, hebraico, aramaico ou grego. Na sua impossibilidade nos servimos de traduções. É, portanto, necessário ler um bom texto, fiel aos originais.

Existem dois tipos de traduções:

- **Formal –** são as traduções que se preocupam em respeitar a forma linguística do original. Para manter a fidelidade ao texto original, muitas vezes se renuncia à compreensão imediata da tradução. O resultado poder ser uma versão pesada, mas não incompreensível. Não se trata de traduzir palavra por palavra do original para o português sem levar em consideração as peculiaridades de cada língua. Não é uma transcrição do hebraico ou do grego para o português.

  Um exemplo curioso é o texto de 1Sm 25,22. A tradução literal do texto hebraico seria:

  "*Assim faça Deus aos inimigos de Davi e assim continue, se deixar, de tudo o que é dele, até amanhã, <u>um mijador de muro</u>*".

  "Mijador de muro" é um eufemismo para varão, macho.

  A Bíblia da Editora Vozes traduziu assim: "*Mil raios me partam, se eu deixar com vida até amanhã, de toda a gente dele, <u>um só que seja do sexo masculino</u>*".

  A Bíblia de Jerusalém traduziu por "um só homem"; a TEB por "algo que urina contra o muro"; a Bíblia do Peregrino como "um entre os que urinam na parede".

  Quase todas as edições brasileiras são consideradas formais.

- **Funcional –** procura fornecer um texto fácil para a compreensão dos leitores. Por isso usa palavras mais simples, modifica a estrutura de algumas frases. Procura reproduzir o conteúdo original, mas sem se manter no texto. É o caso do lecionário usado nas celebrações da Igreja. Ao se reproduzir determinado texto, muitas vezes se deixa de lado alguns versículos, ou se unem capítulos diferentes.

Sabemos que o texto original não existe mais. Isto é, ninguém possui a primeira edição de qualquer livro bíblico. Só possuímos cópias, às vezes, defeituosas, incompletas e tardias.

Por isso, é necessário reconstruir o texto original, aquele produzido pelo hagiógrafo. Esse trabalho é feito com base nas cópias à nossa disposição. É um trabalho para especialistas, para grandes conhecedores das línguas bíblicas. O resultado desse trabalho são as chamadas "edições críticas". São edições do Antigo e do Novo Testamento que trazem no rodapé o chamado "aparato crítico", isto é, o elenco das principais variantes do texto. Cada "edição crítica" é o resultado da consulta de todos os manuscritos existentes. Nossas Bíblias se servem desse minucioso e importante trabalho para apresentar um texto fiel.

A crítica textual tem por finalidade reconstruir o texto no seu estado primitivo. Toda cópia é mais ou menos deficiente. Na transmissão do texto manuscrito os copistas introduziram numerosas mudanças, algumas deliberadamente e outras por mero acaso.

O famoso biblista Kennicot elencou 900 variantes no texto do Antigo Testamento. Em mais de cinco mil manuscritos do Novo Testamento que foram catalogados, encontramos aproximadamente 200 mil variantes ou textos diferentes. A maior parte são alterações insignificantes: erros de ortografia, trocas de letras ou palavras. Mas há também mudanças deliberadas.

A crítica textual estabelece os princípios e métodos para identificar e corrigir as mudanças introduzidas no texto copiado. Por exemplo: 2Sm 22 e o Sl 18(17) são duas versões diferentes do mesmo poema. A crítica textual procura estabelecer qual delas é a mais fiel ao original.

As causas para o surgimento de tantos textos diferentes podem ser fatores históricos ou psicológicos.

a) Fatores históricos

É preciso notar as condições do trabalho dos copistas; remontar às origens do texto e conhecer as condições em que era composto. Eles liam o texto que copiavam? Ou escutavam a leitura feita por outra pessoa?

Por exemplo: São Paulo escreveu suas cartas de próprio punho ou ditou-as?

No caso de cópias é preciso saber se o texto a ser copiado era completo, claro. O material usado na maior parte das vezes era o papiro, um material frágil e de fácil decomposição. Daí a necessidade de se multiplicar as cópias.

b) Fatores psicológicos

Os copistas podem ter introduzido no texto mudanças acidentais ou deliberadas.

- Mudanças acidentais ou erro dos copistas.
  - Confusão de letras semelhantes e de palavras.
  - Aplografia – quando duas letras, palavras e até frases iguais seguem uma à outra, é fácil que, na desatenção do copista, uma delas desapareça. Ex.: Jo 17,15 – "Não peço que os guardeis do mundo, mas que os guardeis do mal".
  - Ditografia – quando a mesma letra, palavra ou frase era copiada duas vezes seguidas. Ex.: 2Rs 7,1-2 e 17-20.
  - Homoioteleuton – quando a mesma palavra ou frase se repete e o copista salta da primeira para a última ocorrência omitindo tudo o que estava entre elas, por exemplo: Js 21,35-38 = em muitos manuscritos faltam os versículos 36-37.

- Mudanças deliberadas
  - **Por razões teológicas:** Ex.: segundo 1Cr 8,33 e 9,39 o nome do quarto filho do rei Saul era "Isbaal" (homem de Baal). Mas em 2Sm 2,8.10.12.15 é chamado "Isboset" (homem da vergonha).
  - Em Jó 1,5.11; 2,5.9 a expressão "maldizer Javé" foi substituída por "bendizer Javé".
  - 2Sm 24,1: "Javé incitou Davi contra os israelitas"; mas em 1Cr 21,1 se lê: "Satã incitou Davi..."
  - Para harmonizar textos paralelos.

  Ex.: o texto do Pai-nosso de Lc 11,2-4 aparece em muitos manuscritos reelaborado com base no texto de Mt 6,9-13 que é mais conhecido.

Que critérios devem ser usados na escolha da leitura mais próxima do original?

Existem dois tipos de critérios: de ordem externa e de ordem interna.

Critério de ordem externa:

- Múltipla atestação;
- Manuscritos antigos são mais confiáveis;
- Manuscritos independentes entre si.

Critério de ordem interna:

- A frase mais difícil deve ser preferida à mais fácil (lectiodifficilior);
- A frase mais breve é preferível à mais longa (lectiobrevior);
- A frase mais divergente em lugares paralelos é preferível à concordante;
- É mais genuína a frase que explica as demais.

1.2 A crítica literária

Não basta corrigir o texto. É preciso ir além. É importante conhecer a língua em que o livro foi escrito originalmente. O vocabulário, a gramática.

Às vezes se deve também estudar a formação do livro. Se o autor se serviu de outros textos. Conhecer o lugar que o texto ocupa no contexto. Sim, porque todo texto tem um contexto.

Interpretar um texto significa definir o que seu autor quis dizer ao escrevê-lo, descobrir qual o sentido do texto.

1.2.1 Os sentidos bíblicos

SENTIDO é o conceito determinado que o autor quer exprimir com suas palavras. Difere de SIGNIFICADO que é o conceito inerente em cada palavra objetivamente. O significado não depende da intenção do autor.

Uma palavra pode ter vários significados. Dentre eles o autor escolhe um ao redigir uma frase. Por isso, enquanto o significado é múltiplo, o sentido é sempre único, a não ser que o autor use de ambiguidade. Tomamos como exemplo a palavra "cruzeiro". Ela pode ter vários significados: viagem marítima, cruz, constelação, time de futebol... Quando escrevo: "vou fazer um cruzeiro", estou tomando um dos significados e dando-lhe um sentido: "vou fazer uma viagem marítima".

Assim, definir o sentido de um texto é definir o que seu autor quis dizer. Na Bíblia é uma tarefa particularmente complexa, pois, como para outros livros antigos, os tempos dos autores, seus modos de exprimir-se, seu modo de pensar, são muito diferentes dos nossos. Outro fator que dificulta é o longo processo redacional dos livros sagrados. Por exemplo: o Livro do profeta Isaías foi redigido ao longo de aproximadamente duzentos anos. Foram feitos vários acréscimos, alguns dos quais modificaram o texto original. Por isso, muitas vezes é necessário definir o sentido do texto original e também aquele adquirido depois do trabalho redacional.

Mas, talvez, a maior dificuldade para a hermenêutica bíblica provém do fato de que os livros sagrados têm, ao mesmo tempo, um autor humano e outro divino. Por detrás de cada versículo da Escritura está, não somente um ou vários agentes que contribuíram na sua formação, mas a mão de Deus.

> Para escrever os Livros Sagrados, Deus escolheu homens, que utilizou na posse das faculdades que tinham, para que, agindo Deus neles e por meio deles, pusessem por escrito, como verdadeiros autores, tudo aquilo e só aquilo que ele quisesse (*DV* 11).
> ... para bem entender o que Deus quis transmitir, deve-se investigar atentamente o que os hagiógrafos de fato quiseram dar a entender e aprouve a Deus manifestar por suas palavras (*DV* 12).

Só é possível entender corretamente a mensagem divina, entendendo o que os autores humanos quiseram dizer. Ou seja, é importante conhecer a intenção do autor sagrado.

Os teólogos distinguem na Bíblia dois sentidos:

- O sentido literal (*sensuslitteralis*);
- O sentido espiritual (*sensusspiritualis*).

O papa Pio XII, na Encíclica *Divino Afflante Spiritus* fala de sentido literal e de sentido espiritual (n. 15 e 16).

a) O sentido literal

É aquele expresso pelas palavras escritas assim como se encontram no texto.

Para Santo Tomás de Aquino: "é o sentido transmitido pelas palavras da Escritura".

É também chamado de sentido carnal, ou histórico, ou filológico. É o sentido que o autor humano intencionava diretamente e que suas palavras expressam.

O sentido literal é aquele expresso pelas palavras que o autor usou. A intenção do autor só se torna sentido na Escritura quando é transmitida pelas palavras.

Perguntar "o que Jesus queria dizer com tais palavras"? Não é buscar o sentido literal da Bíblia, porque Jesus não é o autor do texto. O sentido literal é o sentido que o evangelista atribuiu à palavra de Jesus. Como não conhecemos o contexto original no qual Jesus pronunciou tais palavras torna-se impossível saber exatamente o que ele queria dizer. Mas, podemos saber o que o evangelista quis dizer ao escrevê-las. E, como cremos na ação do Espírito Santo que inspirou o evangelista, cremos também que sua intenção corresponde à intenção de Jesus.

É certo que o sentido literal é sempre único. É impossível que o hagiógrafo quisesse expressar duas coisas com a mesma palavra, a não ser que usasse de ironia ou ambiguidade. Porém, o sentido literal poder ser: próprio ou translato (impróprio, figurado).

Sentido literal próprio – quando uma palavra é tomada no seu primeiro sentido, literalmente. Vejamos um exemplo: "Ouvistes o que foi dito: Amarás o teu próximo e odiarás o teu inimigo. Eu, porém, vos digo: amai os vossos inimigos..." (Mt 5,43s.).

Sentido literal translato – quando as palavras são empregadas com um significado derivado do primeiro, ou baseado nele por qualquer convenção. Ex.: "Eu te darei as chaves do Reino dos Céus"; "Eis o Cordeiro de Deus". As palavras "chaves e cordeiro" não podem ser entendidas no seu primeiro sentido, mas no sentido figurado.

No sentido literal translato ou figurado, o simbolismo ocupa um lugar especial. O simbolismo acontece quando uma realidade é expressa por uma outra que a representa.

b) O sentido espiritual

A possibilidade teórica do sentido espiritual se fundamenta no pressuposto que a Sagrada Escritura tem um autor divino que pode ter dado às palavras do autor humano um significado muito mais profundo do que aquele que as palavras comportam no contexto. O sentido espiritual é também chamado de: sentido supra literal, cristológico, sentido cristão.

A expressão "sentido espiritual" foi usada por Orígenes e por Pio XII na Encíclica *Divino Afflante Spiritus*, e tem a vantagem de recordar que é o sentido do Espírito Santo que inspirou os hagiógrafos. Os hagiógrafos tinham consciência do significado profundo que suas palavras poderiam tomar? Além do sentido literal, eles estavam conscientes do sentido espiritual do texto que escreviam?

Teólogos e exegetas não concordam na resposta à essa questão. Isto porque há diversas outras questões a serem consideradas.

Relevando somente as realidades (coisas, pessoas, fatos, instituições) é possível que um autor do Novo Testamento, pela lei da continuidade e superação inerente ao desenvolvimento da economia da salvação, descubra, por exemplo, através do Sl 109(110),4 um paralelismo entre o sacerdócio de Melquisedec (Gn 14,18-24) e Cristo (Hb 6,20–7,10).

Quando se trata de palavras, a solução é mais difícil. Alguns autores apelam para a onisciência de Deus, autor principal da Sagrada Escritura, que pode ter dado às palavras um significado que não foi percebido pelo autor humano.

Mas o homem é verdadeiro autor, e os livros sagrados não podem ter um significado que ele não quisesse ou não tivesse Consciência.

Para muitos a solução está em dar mais ênfase à intenção do que à consciência do hagiógrafo. É o caso de todos os grandes autores da Antiguidade. Pode-se falar, a propósito de algumas de suas expressões, de uma intencionalidade aberta a futuros desenvolvimentos. Eles tinham consciência, ao menos implícita, de não se dirigir somente a seus contemporâneos, mas também àqueles que viriam depois deles. A mesma aplicação se faz ao texto da Bíblia.

Podemos dizer que o desenvolvimento do texto bíblico – a passagem do sentido literal para o sentido espiritual – está virtualmente compreendida na intenção do hagiógrafo que escreveu sob a inspiração divina.

O sentido espiritual é dividido em: sentido típico e sentido pleno.

Sentido típico

O sentido típico se refere sempre a realidades: pessoas, fatos, instituições, objetos, particularmente do Antigo Testamento. Essas realidades são concebidas como prefigurativas das realidades do Novo Testamento.

Para que haja o sentido típico são necessários:

- Uma realidade prefigurante apresentada da Bíblia. É chamada de TIPO.
- Uma outra realidade futura que seja prefigurada. É chamada de ANTÍTIPO.
- A disposição divina de ordenar o tipo a prefigurar o antítipo.
- Não basta uma simples semelhança, mesmo grande, entre as duas realidades. É indispensável a disposição divina de fazer com que o tipo fale da realidade futura, o antítipo.

  Ex.: Jesus vê na serpente de bronze do deserto um tipo de sua própria crucificação (Jo 3,14); ou na permanência de Jonas no ventre do peixe um tipo de sua permanência no sepulcro (Mt 12,40); o Servo Sofredor de Isaías é o tipo de Jesus Cristo; em 1Cor 10,2 o êxodo é visto como tipo do batismo.

Devemos reconhecer que não é fácil determinar quais textos possuem o sentido típico. Para isso é preciso ter critérios, dentre eles citamos:

- O primeiro critério é a revelação ou o desenvolvimento na compreensão da revelação. Por isso a maior parte dos tipos aceitos são os indicados no Novo Testamento, ou no uso litúrgico, ou no consenso dos Santos Padres, ou nos documentos da Igreja.

  Ex.: o Novo Testamento viu em Melquisedec o tipo de Cristo. Mais tarde a exegese patrística e a liturgia viram, na oferta de pão e vinho feita por Melquisedec, o tipo da Eucaristia.

- O segundo critério é que o tipo deve referir-se ao antítipo através de um desenvolvimento orgânico da revelação. Não é qualquer figura do Antigo Testamento que pode ser considerada TIPO. Deve-se, sempre, buscar os indícios de que Deus realmente preparou no TIPO a representação do ANTÍTIPO.

Sentido pleno (sensusplenior)

É o significado mais profundo querido por Deus, mas não entendido claramente pelo autor humano, que se descobre nas palavras da Escritura quando essas são estudadas à luz de uma revelação posterior ou do desenvolvimento na compreensão da revelação.

O sentido pleno se aplica apenas às palavras. A base sobre a qual se fundamenta sua existência é o fato de que muitos textos da Sagrada Escritura foram interpretados pelo Novo Testamento, e depois pelo Magistério da Igreja, de um modo que ultrapassou seu sentido literal. Por exemplo:

- Mt 1,23 – serviu-se do texto de Is 7,14 para falar da concepção virginal de Jesus.
- Gn 3,15 – foi usado para fundamentar o dogma da Imaculada Conceição e da Assunção de Maria.

O sentido literal desses textos não fornece uma base segura para as respectivas interpretações, mas o sentido pleno sim. Isto porque para alguns autores trata-se unicamente do sentido literal, contido nas palavras do autor humano, o qual falava em espírito profético e nem sempre era entendido plenamente por seus contemporâneos e nem pelo próprio hagiógrafo. Isto é, o sentido pleno já está nas palavras do autor humano, mas, só é entendido à luz da revelação posterior. As palavras seriam compreendidas melhor no contexto de toda a Escritura. Outros afirmam que não se trata apenas do sentido literal, mas de um sentido previsto por Deus, como o sentido típico. Portanto, o hagiógrafo não conhecia o sentido pleno de suas palavras, mas apenas o que elas queriam expressar no contexto imediato.

Nem toda interpretação das palavras da Sagrada Escritura que ultrapassa o sentido literal é necessariamente um "sentido pleno". São necessários alguns critérios para identificar o sentido pleno, dentre eles mencionamos:

- A autêntica interpretação das palavras da Escritura num sentido supraliteral. Autêntica no sentido que vem de um dos guias da revelação: Novo Testamento, a Tradição e o Magistério da Igreja. Esse critério tem como objetivo evitar a subjetividade do intérprete. Visto que a compreensão do sentido pleno é importante para a compreensão do plano divino de salvação do homem, esse só pode ser aceito no contexto da vida da Igreja.

- O sentido pleno deve ser homogêneo com o sentido literal. Ou seja, deve ser um desenvolvimento daquilo que o autor humano queria dizer com suas palavras. Por exemplo: Is 7,14 e Mt 1,23 – nascimento de um filho da estirpe de Davi que seria a continuidade da descendência real. Mesmo que Isaías não pensasse numa virgem, no judaísmo se desenvolveu a interpretação da identificação da jovem mãe com uma virgem (cf. LXX).

Porém não é fácil aplicar tais critérios. Um dos argumentos mais fortes contra a existência do sentido pleno é a afirmação que, quando um sentido mais profundo de um texto bíblico é reconhecido somente à luz de uma revelação posterior, o significado não está contido no próprio texto, mas é adquirido no momento da revelação posterior.

Em outras palavras, seria mais exato falar de uma plena compreensão do texto pelo intérprete, do que de um sentido mais profundo do texto em si. Outra objeção é que se trata de um sentido raramente verificado. Porém, a existência do sentido pleno é aceita, ao menos em teoria.

c) O sentido acomodatício

A acomodação de um texto a uma circunstância, não é um sentido da Sagrada Escritura, mas um sentido dado à Escritura. Acomodar um texto é usá-lo em um sentido que ele não possui. Portanto, trata-se de adaptá-lo para fazê-lo falar algo que o escritor não tinha em mente.

Por exemplo:

Jr 31,15 se refere ao lamento de Raquel (uma das mulheres de Jacó) porque as tribos descendentes de seus filhos foram feitas prisioneiras e levadas para o exílio. O evangelista Mateus (2,18) faz uma acomodação desse texto usando-o para descrever o lamento das mães de Belém no momento em que seus filhos foram mortos pelo rei Herodes.

O sentido acomodatício é muito usado pela liturgia quando busca textos para as celebrações da Virgem Maria, dos Santos ou nas celebrações dos Sacramentos.

1.2.2 Os gêneros literários

Para descobrir o verdadeiro sentido de um texto é imprescindível determinar seu gênero literário.

Quando entramos em uma biblioteca moderna, encontramos os livros classificados segundo seu gênero literário: romance, poesia, história, biografia, novelas...

E dentro dessas grandes classificações, muitas vezes aparecem subdivisões: literatura brasileira, literatura estrangeira...

Ora, a Bíblia é uma pequena biblioteca que apresenta uma grande variedade de produções literárias. São setenta e três livros reunidos num único volume.

Já os judeus, sob a direção do rabino Gamaliel II, tinham classificados seus livros sagrados (o Antigo Testamento) em: A Lei, Os Profetas e Os Escritos. Por sua vez, os cristãos criaram duas grandes divisões: os livros escritos antes de Jesus Cristo (Antigo Testamento) e os escritos depois de Jesus Cristo (Novo Testamento). Dentro dessas duas grandes divisões classificaram os livros sagrados em subdivisões: livros históricos, proféticos, sapienciais, evangelhos, cartas...

A Encíclica *Divino Afflante Spiritus* e a Constituição Dogmática *Dei Verbum* do Concílio Vaticano II insistem na necessidade de se determinar o gênero literário de um texto bíblico.

> *A primeira pergunta que o intérprete deve fazer é: que tipo de literatura é essa? Qual o gênero literário desse texto?*

Se o intérprete sabe, por exemplo, que o Livro de Jonas é uma narração fictícia, uma novela, não irá indagar sobre o tipo do peixe que engoliu o profeta; nem o que ele fez três dias no ventre do peixe.

A crítica do gênero literário se desenvolveu no século XX, graças às pesquisas dos teólogos alemães Martin Dibelius e Rudolf Bultmann sobre os evangelhos sinóticos. Esses dois grandes autores preferiam falar de "História das Formas" (Formgeschichte), ou Crítica das Formas. Mas o grande nome nesse campo da Sagrada Escritura é Hermann Gunkel, que preferiu falar de gênero literário e não de formas. É certo que um determinado gênero literário é identificado por sua forma. Isto porque reconhecemos que determinado texto tem o gênero literário poético por sua forma peculiar.

Na sequência apresentamos alguns importantes gêneros literários da Sagrada Escritura.

1. Gênero histórico: relatos que querem mostrar a ação de Deus na história. Não são descrições de fatos reais, crônicas, mas leituras teológicas dos fatos.

Dentro do gênero histórico encontramos:

- A narrativa histórica: a historiografia bíblica não é científica e muito menos neutra. É uma história interpretada e interpretante; não se interessa por informar os acontecimentos, mas procura colher seu significado. Assim, os elementos objetivos são misturados aos teológicos. Podemos observar isso em 1Sm 18,10-16 (elementos objetivos: vv 10b-11.13.16; elementos teológicos vv 10a.12.14-15).

- A saga: narrativa sobre um fato extraordinário (façanha de um herói; história de um lugar). Quer explicar determinados fatos ou situações presentes a partir de acontecimentos passados. Existem vários tipos de saga: de uma tribo, de um herói, de um lugar. Por exemplo: Gn 11,1-9: a torre de Babel; Gn 19,1-29: a formação do mar Morto.
- A novela: a história de um personagem ambientada no passado, como por exemplo Gn 37; 39-48; 50 – a história de José; Os livros de Rute, de Tobias, de Judite;
- A lenda: é muito semelhante à saga. Porém, sua linguagem é edificante; Privilegia o aspecto milagroso, a ação de Deus.

2. Gênero jurídico: existem muitos textos jurídicos na Bíblia com o objetivo de regular a ética decorrente da fé javista.

3. Gênero profético: os profetas traduziram em palavras humanas suas experiências com Deus. No gênero profético encontramos:

- **palavras de juízo ou desgraça:** anunciam o juízo ou castigo de Deus. São breves, diretas e pronunciadas na presença do acusado. Podem ser endereçadas ao povo (Am 4,1-3), aos povos estrangeiros (Am 1,3-5,6); ao rei (1Rs 21,17-19), aos sacerdotes (Am 7,16-17), a um falso profeta (Jr 28,13-14).
- **palavras de salvação:** anunciam uma ação salvadora de Deus. Ex: Is 41, 8-12; 44,1-5.
- **relatos de ações simbólicas:** muitos profetas se serviram de ações simbólicas para transmitir suas mensagens.

4. Gênero sapiencial: os Livros Sapienciais apresentam uma grande gama de gêneros literários: mashal (provérbio breve), sentenças (sobretudo morais), macarismos (provérbios com fórmula de bem-aventurança), poemas didáticos (Pr 4,1-27; 1,20-33), provérbios numéricos (Pr 30,19-19; Eclo 25,7-11).

5. Gênero poético: no Antigo Testamento encontramos uma série de cantos – cantos de guerra (Nm 5,12), cantos de vitória (Ex 15,20-21), cantos de benção ou maldição (Nm 22-24), cantos de amor (Cântico dos Cânticos), cantos cultuais, Salmos (hinos, súplicas, salmos sapienciais, salmos régios, de confiança, de ação de graças).

6. Relatos de milagres.

7. Parábolas e alegorias.

8. Gênero epistolar: como as Cartas de São Paulo, por exemplo.

9. Gênero apocalíptico.

1.3. A Crítica Histórica

Para compreender uma obra em profundidade, é preciso situá-la no meio histórico em que foi produzida.

A Bíblia é um livro destinado a um público bem determinado. Não é um livro esotérico, mas um livro profundamente enraizado no meio em que nasceu. Um livro que procura suscitar as respostas para os problemas da vida. Nela, Deus, como Pai, fala a seus filhos.

Os autores dos livros da Bíblia viveram em determinadas circunstâncias históricas, políticas, econômicas e religiosas. O conhecimento, mesmo que parcial desses ambientes é importante para uma melhor compreensão do texto sagrado. Por exemplo, conhecer as circunstâncias históricas dos reinos de Israel e de Judá nos séculos VIII e VII a.C. nos ajuda entender melhor os textos dos profetas que viveram nessa época, como Amós, Oseias, Isaías, Miqueias, Jeremias e outros.

- **O Autor** – muitas vezes é importante para a compreensão de um texto saber quem é seu autor. Qual era sua cultura, onde vivia, era jovem ou ancião? Conhecendo o apóstolo Paulo, sua vida, formação, atividade, pode auxiliar muito na compreensão de alguns textos de suas cartas. Ou saber quem era Isaías ou Jeremias.

- **Data de composição do texto** – o autor é sempre devedor do contexto político, social e religioso em que vive. É certo que as profecias dos profetas que viveram antes do exílio retratam o ambiente da época. O Livro do Apocalipse só é bem entendido quando colocado no contexto onde nasceu.

- **Destinatário** – a quem foi endereçado o livro. Por exemplo: quem eram os gálatas? Quem eram os cristãos de Tessalônica ou de Filipos?

- **Objetivo** – é preciso ter claro o que motivou um determinado autor a escrever. Para que foi escrita tal obra. Por exemplo: os problemas da comunidade cristã de Corinto levaram o apóstolo Paulo a escrever a carta.

Compete, pois, ao intérprete de um livro ou texto da Sagrada Escritura, precisar as circunstâncias em que ele foi escrito. Essas circunstâncias são: o autor, a data e o lugar da redação, o meio social, os destinatários, os objetivos do autor... O ideal seria ir o mais longe possível e conhecer até o nome do autor, sua personalidade, sua vida.

Para muitos livros do Novo Testamento é possível conhecer um pouco mais o autor, os destinatários, o objetivo, as circunstâncias. Mas para a maioria dos livros, sobretudo do Antigo Testamento é preciso contentar-se com aproximações. A dificuldade torna-se maior quando se trata de um texto pequeno, que independe das circunstâncias históricas, como um salmo ou um provérbio. O desenvolvimento dos conhecimentos históricos do antigo Meio Oriente tem ajudado muito na compreensão do texto bíblico.

2 INTERPRETAÇÃO TEOLÓGICA

A nossa fé afirma que Deus é o autor da Bíblia. Os hagiógrafos foram movidos pelo Espírito Santo para escrever aquilo que Deus queria comunicar aos homens.

Por ter um autor divino, a Bíblia não pode ser interpretada apenas com as regras da hermenêutica filosófica. Sua interpretação exige a fé. Por isso, na interpretação do texto bíblico, além das regras da hermenêutica é necessária uma hermenêutica teológica. Trata-se de descobrir o sentido do texto, não apenas com o auxílio da crítica racional, mas à luz da fé.

O Concílio Vaticano II, na Constituição Dogmática *Dei Verbum*, expôs os critérios da hermenêutica teológica. Vejamos:

> *Mas como a Sagrada Escritura deve ser também lida e interpretada naquele mesmo Espírito em que foi escrita, para bem captar o sentido dos textos sagrados, deve-se atender com não menor diligência ao conteúdo e à unidade de toda a Escritura, levada em conta a Tradição viva da Igreja toda e a analogia da fé* (*DV* 12c).

- **O conteúdo e a unidade de toda a Sagrada Escritura**

  Deus é o autor de toda a Sagrada Escritura. Existe um progresso na revelação divina. Entre os dois Testamentos há uma harmonia. O Novo Testamento está latente no Antigo e o Antigo Testamento está patente no Novo. Portanto, qualquer texto sagrado para ser bem interpretado deve ser considerado no contexto de toda a Bíblia.

- **A Tradição viva da Igreja**

  A Tradição da Igreja e a Bíblia constituem o depósito da revelação divina.
  - Os Santos Padres são "testemunhas da tradição apostólica" quando explicam do mesmo modo um texto bíblico.
  - O magistério universal da Igreja tem "o ofício de interpretar autenticamente a Palavra de Deus escrita" (*DV* 10).
  - O sentido dos fiéis (*sensus fidelium*): é o exercício da fé que Deus infundiu em todos os que creem. A fé dos fiéis foi fundamental nas declarações dos Dogmas da Imaculada Conceição e da Assunção de Maria aos céus.

- **A analogia da fé**

Consiste na harmonia e concordância entre todas as verdades reveladas na Sagrada Escritura. Assim, a interpretação de um texto não pode contradizer outro. Sendo Deus o autor de toda a Sagrada Escritura, não pode contradizer-se a si mesmo.

Por exemplo: os "irmãos de Jesus" não podem ser considerados filhos legítimos de Maria, pois tal afirmação contradiz a verdade da virgindade de Maria que a tradição sempre afirmou.

3

ATUALIZAÇÃO DO TEXTO

Nos Livros Santos, com efeito, o Pai que está nos céus vem carinhosamente ao encontro de seus filhos e fala com eles. E, é tão grande a força poderosa que se encerra na Palavra de Deus, que ela se constitui sustentáculo vigoroso para a Igreja, firmeza na fé para seus filhos, alimento da alma, perene e pura fonte de vida espiritual. Por tudo isso se aplica perfeitamente à Sagrada Escritura estas palavras: "A Palavra de Deus é viva e eficaz" (Hb 4,12) "poderosa para edificar e repartir a herança entre os santificados" (At 20,32; cf 1Ts 2,13) (DV 21).

Não basta conhecer o sentido de um texto da Bíblia usando as regras da hermenêutica. É indispensável que o sentido do texto seja aplicado à vida da Igreja e de cada um de seus membros. Essa aplicação chama-se ATUALIZAÇÃO DA ESCRITURA.

A Bíblia não é um documento de acontecimentos passados. Ela é viva, e ilumina a vida dos que se acercam dela. Não basta ouvir, ou ler a Palavra de Deus, é preciso praticá-la, colocá-la na prática de cada dia.

REFERÊNCIAS

ARTOLA, A. & CARO, M.S. *Bíblia e Palavra de Deus* – Introdução ao Estudo da Bíblia 2. São Paulo: Ave-Maria, 1996.

ASSOCIAÇÃO LAICAL DE CULTURA BÍBLICA. Vademecum para o estudo da Bíblia. Petrópolis: Vozes, 2000.

BARRERA, J.T. *A Bíblia judaica e a Bíblia cristã* – Introdução à história da Bíblia. Petrópolis: Vozes, 1996.

BUZZETTI, C. *Bíblia – suas transformações*. São Paulo: Ave-Maria, 1999.

CARPENTIER, E. *Para uma primeira leitura da Bíblia*. São Paulo: Paulus, 1995 [Col. Bíblia 1].

CARRILLO ALDAY, S. *Bíblia – Como se lê*. São Paulo: Ave-Maria,1998.

______. *Bíblia – O que é*. São Paulo: Ave-Maria, 1998.

CUNHA, A. *Bíblia, como chegou até nós*. São Paulo: Ave-Maria, 2000.

DIAS DA SILVA, C.M. *Metodologia de exegese bíblica*. São Paulo: Paulinas, 2000.

ECHEGARAY, J.G. et al. *Bíblia e seu contexto* – Introdução ao Estudo da Bíblia volume 1. São Paulo: Ave-Maria,1994.

FARIA FRANCISCO, E. Manual da Bíblia Hebraica. Introdução ao texto Massorético. Guia introdutório para a Bíblia Hebraica Stuttgartensia. São Paulo: Vida Nova. 2005.

FONSATTI, J.C. *Introdução à Bíblia* – Cadernos Temáticos para a Evangelização 4. 5. ed. Petrópolis: Vozes, 2007.

GONZAGA, W. *Compêndio do cânon bíblico*. Petrópolis: Vozes, 2019.

HARRINGTON, W.J. *Chave para a Bíblia*: A revelação, a promessa, a realização. São Paulo: Paulinas, 1985.

HEREDIA, F.M. *A Bíblia* – Palavra profética. Petrópolis: Vozes,1996.

KONNINGS, J. *A Bíblia nas suas origens e hoje*. Petrópolis: Vozes, 1998.

MAINVILLE, O. *A Bíblia à luz da história*. Guia de exegese histórico-crítica. São Paulo: Paulinas. 1999.

MANNUCCI, V. *Bíblia Palavra de Deus* – Curso de Introdução à Sagrada Escritura. São Paulo: Paulinas, 1986.

Mc DONALD, Lee M. *A origem da Bíblia* – Um guia para os perplexos. São Paulo: Paulus, 2013.

McKENSIE, S. *Como ler a Bíblia* – História, profecia ou literatura. São. Paulo: Editora Rosari. 2007.

MILLER, J. W. *As Origens da Bíblia*. Repensando a história canônica. São Paulo: Loyola. 2004 [Coleção Bíblica Loyola, 41].

O'CALLAGHAN, J. (org.). *A formação do Novo Testamento*. São Paulo: Paulinas, 2000.

PEREZ, F.C. *Itinerário Bíblico para ler e entender a Sagrada Escritura*. São Paulo: Loyola, 1998.

PRIOTTO, M. *Introdução geral às Escrituras*. Petrópolis: Vozes, 2019 [Coleção Introdução aos Estudos Bíblicos].

SCHARBERT, J. *Introdução à Sagrada Escritura*. Petrópolis: Vozes,1980.

VÁRIOS AUTORES. Guia para ler a Bíblia. São Paulo: Paulus, 1997 [Coleção Ler a Bíblia – 5].

VÁRIOS AUTORES. *Exegese cristã hoje*. Petrópolis: Vozes, 1996.

VÁRIOS AUTORES. Introdução à Bíblia. *Revista de Cultura Bíblica n. 61 e 62*. São Paulo: Loyola, 1992.

VÁRIOS AUTORES. *A Bíblia na Igreja depois da Dei Verbum.* São Paulo: Paulinas,1971.

COLEÇÃO INTRODUÇÃO À BÍBLIA

Pe. José Carlos Fonsatti

- *O Pentateuco – Introdução geral*
- *Introdução à Bíblia*
- *Os Livros Históricos da Bíblia*
- *Os Livros Proféticos*
- *Os Salmos e os Livros Sapienciais*
- *Introdução aos Quatro Evangelhos*
- *Atos dis Apóstolos e Cartas de São Paulo*

Acesse a coleção completa
pelo Qr Code ou pelo endereço

livrariavozes.com.br/colecoes/introducao-a-biblia

Conecte-se conosco:

 facebook.com/editoravozes

 @editoravozes

 @editora_vozes

 youtube.com/editoravozes

 +55 24 2233-9033

www.vozes.com.br

Conheça nossas lojas:

www.livrariavozes.com.br

Belo Horizonte – Brasília – Campinas – Cuiabá – Curitiba
Fortaleza – Juiz de Fora – Petrópolis – Recife – São Paulo

Vozes de Bolso

EDITORA VOZES LTDA.
Rua Frei Luís, 100 – Centro – Cep 25689-900 – Petrópolis, RJ
Tel.: (24) 2233-9000 – E-mail: vendas@vozes.com.br